OBERÖSTERREICH
Das unvergleichliche Land

Bibliografische Information der Deutschen Bibliothek
Die Deutsche Bibliothek verzeichnet diese Publikation
in der Deutschen Nationalbibliografie; detaillierte bibliografische
Daten sind im Internet über http://dnb.ddb.de abrufbar.

www.residenzverlag.at

© 2008 Residenz Verlag
im Niederösterreichischen Pressehaus
Druck- und Verlagsgesellschaft mbH
St. Pölten – Salzburg

Alle Rechte, insbesondere das des auszugsweisen Abdrucks
und das der fotomechanischen Wiedergabe, vorbehalten.

Fotos: Manfred Horvath
Karte: ARGE Karthographie, St. Georgen im Steinfelde
Gestaltung / Satz: Emanuel Mauthe, Verlagsbüro Wien
Lektorat / Englische Bildunterschriften: Barbara Sternthal
Gesamtherstellung: Niederösterreichisches Pressehaus Druck- und Verlags GesmbH
ISBN 978-3-7017-3112-1

OBERÖSTERREICH

Das unvergleichliche Land

Text von Alois Brandstetter
Fotografien von Manfred Horvath

Residenz Verlag

Folgende Doppelseiten
Following pages

Seiten (pages): 6/7
Mühlviertel, Donautal bei der Schlögener Schlinge; Mühlviertel, the Danube's great loop known as the „Schlögener Schlinge";

Seiten (pages): 8/9
Viechtau, Salzkammergut, Sternsinger auf dem Weg zu einem Bauernhof; Viechtau, Salzkammergut, children dressed as the Three Wise Men and their companions who go singing from door to door in January;

Seiten (pages): 10/11
Bad Ischl, Salzkammergut, Konditorei Zauner, Kaffeekränzchen nach dem Kirchgang am Sonntag; Bad Ischl, Salzkammergut, Café Zauner, where women with traditional golden bonnets enjoy their rich cakes;

Seiten (pages): 12/13
Linz, Lentos Kunstmuseum; Linz, Lentos Museum of Modern Art;

Seiten (pages): 14/15
Stift St. Florian, Bibliothek; St Florian Abbey, library

Seiten (pages): 16/17
Wolfgangsee, Seeterrasse des Hotel Weißes Rössl; Wolfgangsee, the Hotel Weißes Rössl's terrace at the shore of the lake

Seiten (pages): 18/19
Steyr, Hauptplatz mit Bummerlhaus; Steyr, main square with the „Bummerl house";

Seiten (pages): 20/21
Salzkammergut, Gipfel des Sonnstein, Wanderer beobachten eine Sonnenfinsternis mit Spezialbrillen, im Hintergrund der Traunsee mit dem Traunstein; Salzkammergut, summit of the Sonnstein, where walkers watch the eclipse of the sun; in the background of the picture: Traunsee and Traunstein.

INHALT

Ein bißchen von allem – für den ersten Überblick   22

Schönes Land
Von Flüssen und Grenzen   30
Von Heiligen, Heiligtümern und den schönsten Kirchen
    und Klöstern im Land   41
Von der Kunst und der Wissenschaft in Linz   50
Von Kelten und Römern, Rittern und einem Revolutionär   60
Von den Burgen und Schlössern in den vier Vierteln   70

Reiches Land
Von (fast) allem, was das Land ernährt   82
Von Hopfen und Malz, vom Mehl und vom Salz   93
Vom Jagen und Fischen   100
Von den Bodenschätzen und was daraus gemacht wird   110
Von der modernen und von der alten Schwerindustrie im Land   120
Von Schotter, Granit und Quarz   126
Vom Holz   130

Kluges Land
Von der Literatur   138
Von Bildern und von der Musik   148
Von Denkmälern und Statuen   158
Von Mozart und anderen Berühmtheiten   170

Zum Schluss   185

EIN BISSCHEN VON ALLEM – FÜR DEN ERSTEN ÜBERBLICK

Oberösterreich ist seit 1920, zwei Jahre nach dem Zerfall der österreichisch-ungarischen Monarchie, eines der neun Bundesländer der Republik Österreich. Eine politische und gerichtliche Verwaltungseinheit war Oberösterreich als „Austria superior" bereits seit 1254, seit 1264 eine „Hauptmannschaft" und seit 1408 eine „Landschaft" mit einem eigenen Landtag. Wie Niederösterreich führt es also *Österreich* bereits im Namen. Die Präposition Ober- bezieht sich geographisch auf die Enns, den Grenzfluß zu Niederösterreich, hin. Oberösterreich ist das Land *ober* oder altertümlich *ob* der Enns. Als „Obderennsisch" wurde früher auch die hier gesprochene deutsche, dialektgeographisch gesehen „mittelbairische" Mundart bezeichnet. Obderennsisch hat auch Franz Stelzhamer, 1802 in Großpiesenham geboren, 1874 in Henndorf am Wallersee gestorben, seine Innviertler Mundart genannt. Stelzhamer gilt als einer der bedeutendsten Mundartdichter Österreichs. Von ihm stammt die oberösterreichische Landeshymne, eine der wenigen österreichischen Landeshymnen in Mundart, nach dem Gedicht *Hoamatgsang* in der Vertonung von Hans Schnopfhagen, von dem die ersten beiden und die letzte, die achte Strophe *(Dahoam is dahoam)* zum feierlichen Ausklang aller Festlichkeiten stehend gesungen wird. Dabei zeigt sich, daß die als praktisch und tüchtig geltenden Oberösterreicher Gemüt und Gefühl haben. Stelzhamerisch klingt auch der alte Merkspruch, mit dem man sich die Einteilung des Landes in Viertel und ihre wichtigsten Bodenschätze und Produkte

Mostheurigen Hinterplattner in Aschach bei Steyr
A rural inn – a so-called „Mostheuriger", where the owners offer a typical kind of cidre – at Aschach near Steyr

einprägen kann: „Innviertel – Roß und Troad, Mühlviertel – Flachs und Gjoad, Hausruckviertel – Obst und Schmalz, Traunviertel – Holz und Salz". Die Viertel sind mit Ausnahme des Hausruckviertels nach den Flüssen Inn, Traun und Mühl benannt. Und Wasser, das Wasser der großen Seen und das (zum Teil wieder) reine Wasser der Bäche, Flüsse und des Donaustroms ist auch Oberösterreichs wertvollster „Bodenschatz" und elementarster Rohstoff ...

Oberösterreich ist nach Niederösterreich und der Steiermark das drittgrößte Bundesland. Es umfaßt 11.979 Quadratkilometer und hat nach den Zahlen der letzten Volkszählung 1.393.000 Einwohner. Die Landeshauptstadt Linz ist mit 189.000 Einwohnern die größte Stadt, gefolgt von Wels mit 53.000 und Steyr mit 40.000 Einwohnern. In diesen und zwischen diesen drei Städten ist Oberösterreich am dichtesten besiedelt. Das Gebiet zwischen Linz, Eferding, Wels, Kremsmünster, Bad Hall, Steyr und Enns gilt als Oberösterreichs „Zentralraum". In Hörsching bei Linz hat das Land – und sein Militär – seinen Flughafen. Der Zentrallage entspricht, daß etwa Wels mit seinen Umfahrungsstraßen von vier Autobahnen tangiert wird, und zwar der Westautobahn, der Innkreisautobahn, der Pyhrnautobahn und der sogenannten Linzer Autobahn, die die Bundesstraße 1 von Wien über Linz nach Salzburg, die meistbefahrene Bundesstraße Österreichs, „entlastet". Zwischen Wels und Marchtrenk befindet sich auch einer der größten Rangierbahnhöfe Österreichs für Frachtgüter. Steyr hat den Nachteil, nicht an der Westbahn zu liegen und an keiner der großen Autobahnen. Aber kein (ökonomischer) Nachteil ohne einen Vorteil (an Lebensqualität).

Bauernhaus in Ampflwang, Innviertel
Farmhouse in Ampflwang, Innviertel

Vorhergehende
Doppelseite: Fischer am
Inn, Innviertel
Previous pages: Fisherman at the Inn, Innviertel

Der Blue Danube Flughafen in Hörsching bei Linz
The Blue Danube Airport at Hörsching near Linz

Folgende Doppelseite: Bauernhaus bei Rohrbach, Mühlviertel
Following pages: Farmhouse near Rohrbach, Mühlviertel

SCHÖNES LAND

Von Flüssen und Grenzen

Der Name Enns bezeichnet sowohl eine Stadt – sogar die älteste Österreichs! – als auch einen Fluß. Und welch einen Fluß! Er hat sich nicht nur physisch tief ins Gelände eingegraben, wovon man im wildromantischen Gesäuse (Steiermark) einen großartigen Eindruck bekommen kann, sondern auch ins Geschichtsbewußtsein der Menschen. Für Menschen meines Alters und die Älteren ist die Enns auch noch als sogenannte Demarkationslinie in Erinnerung. Sie war nach 1945 – dem „Umbruch", der vor allem einmal ein Zusammenbruch und der Schlußpunkt nach einer unseligen Zeit war und von dem wir hier einmal als der sogenannten Stunde Null ausgehen – die Grenze zwischen dem russisch besetzten Niederösterreich und dem Teil Oberösterreichs, der von den Amerikanern besetzt war. Die Donau, in die die Enns mündet, nachdem sie einen anderen oberösterreichischen Schicksalsfluß, die Steyr, in der Stadt Steyr aufgenommen hat, bildete die Demarkationslinie zum russisch besetzten Mühlviertel. Wie haben meine Mutter und ich als zehnjähriger Zögling des Bischöflichen Gymnasiums Kollegium Petrinum im Jahr 1948 uns immer gefürchtet, wenn wir die Nibelungenbrücke in Linz überschritten hatten und die Mutter den russischen Soldaten die sogenannte „Identitätskarte" zeigen mußte. Meine Mutter hatte auf den Rat einer wohlmeinenden, überängstlichen Nachbarin hin ihre alte Armbanduhr daheimgelassen, weil angeblich zumindest in der ersten Zeit nach dem Zusammenbruch die die Demarkationslinie passierenden Menschen von den Russen nicht nur kontrolliert, sondern auch „demontiert" wurden. Und wie entsetzt waren wir aber auch, wenn die Amis bei ihren Manövern mit ihren Panzern oder Spähwägen rücksichtslos über Wiesen und Felder fuhren. Es mögen Farmersöhne aus Texas in den Fahrzeugen gesessen sein, denen unsere Landwirtschaft bloß wie Schrebergärtnerei vorgekommen ist. Erst allmählich entwickelte sich ein Bewußtsein dafür, daß auch Besiegte und Besetzte gewisse Rechte hatten. Bald gab es auch Entschädigungen für Saat- und Flurschäden. Die Memoiren des langjährigen Landeshauptmannstellvertreters Johann Blöchl (1895–1987; *Meine Lebenserinnerungen,* Linz 1975) geben einen anschaulichen Einblick in die Angst der Mühlviertler vor den Besatzern, die vor allem Bauern dazu brachte, ihre Töchter vor den einmarschierenden Soldaten in Heuböden und Scheunen zu verstecken. Auch die Amerikaner haben sich natürlich als Siegermächte nicht nur bei Manövern viele Freiheiten herausgenommen. So haben sie bekanntlich im Marmorsaal des Augustiner-Chorherrenstiftes St. Florian Tennis gespielt, was man noch lange an den in den Fußboden eingekratzten Grundlinien sah. Es soll hier weder angeklagt noch entschuldigt werden. Ich darf mich sinngemäß aber selbst zitieren (*Musik* in *Romulus und Wörthersee*): Wozu Menschen imstande sind, dafür kann auch das kleine Völkchen der Landler, wie die Oberösterreicher gern genannt werden, als Beispiel dienen. Denn das Land hat nicht nur Adalbert Stifter und Anton Bruckner hervorgebracht, es ist auch das Land Hartheims und Mauthausens, und eine seiner sinistersten „Sehenswürdigkeiten" ist leider immer noch Hitlers Geburtshaus in Braunau ...

1945 endeten die sieben Jahre des „Tausendjährigen Reiches", in dem Oberösterreich *Oberdonau* hieß, 1955 mit dem Staatsvertrag die zehnjährige Besatzungszeit, und es begann eine Periode großer wirtschaftlicher Aufbauleistungen – und auch mancher neuer Probleme und Bedenklichkeiten. So hat sich, um nur ein konkretes problematisches Beispiel zu nennen, die Stadt Wels in einer Art „Aufbruchsstimmung" (oder eher „Abbruchsstimmung"?) vom sogenannten „Semmelturm" des zunehmenden Verkehrs wegen getrennt und den Kaiser-Josef-Platz damit zu einer Durchgangsstraße degradiert.

Insel mit Kreuz beim Traunfall, Traunviertel (bei Lambach)
A small island with a crucifix near the Traunfall, Traunviertel (near Lambach)

Die Donau mutierte von einem Strom zu einer Kette von Stauseen, weil mit dem Wirtschaftsaufschwung auch der Energiehunger ins schier Unermeßliche wuchs. Man braucht im oberösterreichischen Zusammenhang etwa nur an den Strombedarf der Aluminiumindustrie in Ranshofen *(AMAG)* zu denken. Die für Österreich relativ großen Städte Oberösterreichs haben auch die *Energie AG Oberösterreich* im sogenannten „Verbund" zu einem bedeutenden, wenn nicht zum bedeutendsten „Verbündeten" gemacht. Die jährlich 13,7 Milliarden Kilowattstunden aus Wasserkraftwerken an Donau, Inn, Enns und Mühl und aus thermischen Anlagen sind jedenfalls österreichischer Bundesländerrekord. Das geplante und schon begonnene Atomkraftwerk in Abwinden-Asten wurde zwar im Sinne der negativen Grundstimmung nach der Volksabstimmung über das niederösterreichische Atomkraftwerk Zwentendorf verhindert, mit dem als nicht besonders sicher geltenden grenznahen tschechischen Atomkraftwerk Temelin hat Oberösterreich freilich eine schwere Sorge aufgebürdet bekommen. Das Ergebnis vieler berechtigter Demonstrationen und Grenzblockaden hat leider die nach dem Fall des Eisernen Vorhanges 1989 so verheißungsvoll begonnenen nachbarlichen Kontakte mit dem geographisch und historisch nahen Prag gründlich gestört und alte Animositäten diesseits und jenseits der Grenze wieder aufleben lassen. Da war die Enthüllung eines Beneš-Denkmals im vielbesuchten Egon Schiele-Städtchen Krumau *(Krmlov)* nur der konsequente giftige Höhe- oder Schlußpunkt. Unüberwindliche Differenzen wird es, nachdem Tschechien wie Österreich Mitglied der Europäischen Union geworden ist, wohl aber doch nicht mehr geben (dürfen).

Als riesige Auf- und Ausbauleistungen seien, vom eigentlichen Wiederaufbau nach dem Krieg ganz abgesehen, die vielen neuen Autobahnen und Straßen und, was man oberflächlich kaum sieht, das verzweigte Kanalnetz der vielen Abwassergenossenschaften und Wasserreinhaltungsverbände erwähnt. Sichtbar und unübersehbar sind die unzähligen Kläranlagen. Und

Steyr-Durchbruch, Eisenstraße
The Steyr-Durchbruch (breakthrough of the river Steyr), Eisenstraße (Iron Route)

Europäische Wasserscheide bei Aigen, Mühlviertel
European devide near Aigen, Mühlviertel

Seen wie der Attersee, der größte österreichische Binnensee (an Neusiedler- und Bodensee ist Österreich ja nur Anrainer), und viele Flüsse haben wieder die vielbeschworene Trinkwasserqualität. Allüberall sozusagen wurde gebaut, zum Teil auch dort, wo man nicht bauen hätte sollen, wie sich bei den katastrophalen Hochwässern, etwa 1954 an der Donau, zeigte. So ist heute nach dem Aufbau manchmal der Rückbau angezeigt. Das gilt auch für einige Kanalisierungen und Flußbegradigungen, Kommassierungen und Drainagierungen. Naturnah und nachhaltig lautet heute die Devise!

Rechts: Stift St. Florian, Marmorsaal
Right: St. Florian Monastery, marble hall

Enns, Stadtturm
Enns, Town Tower

Stift St. Florian, Bruckner Orgel
St. Florian Monastery, Bruckner organ

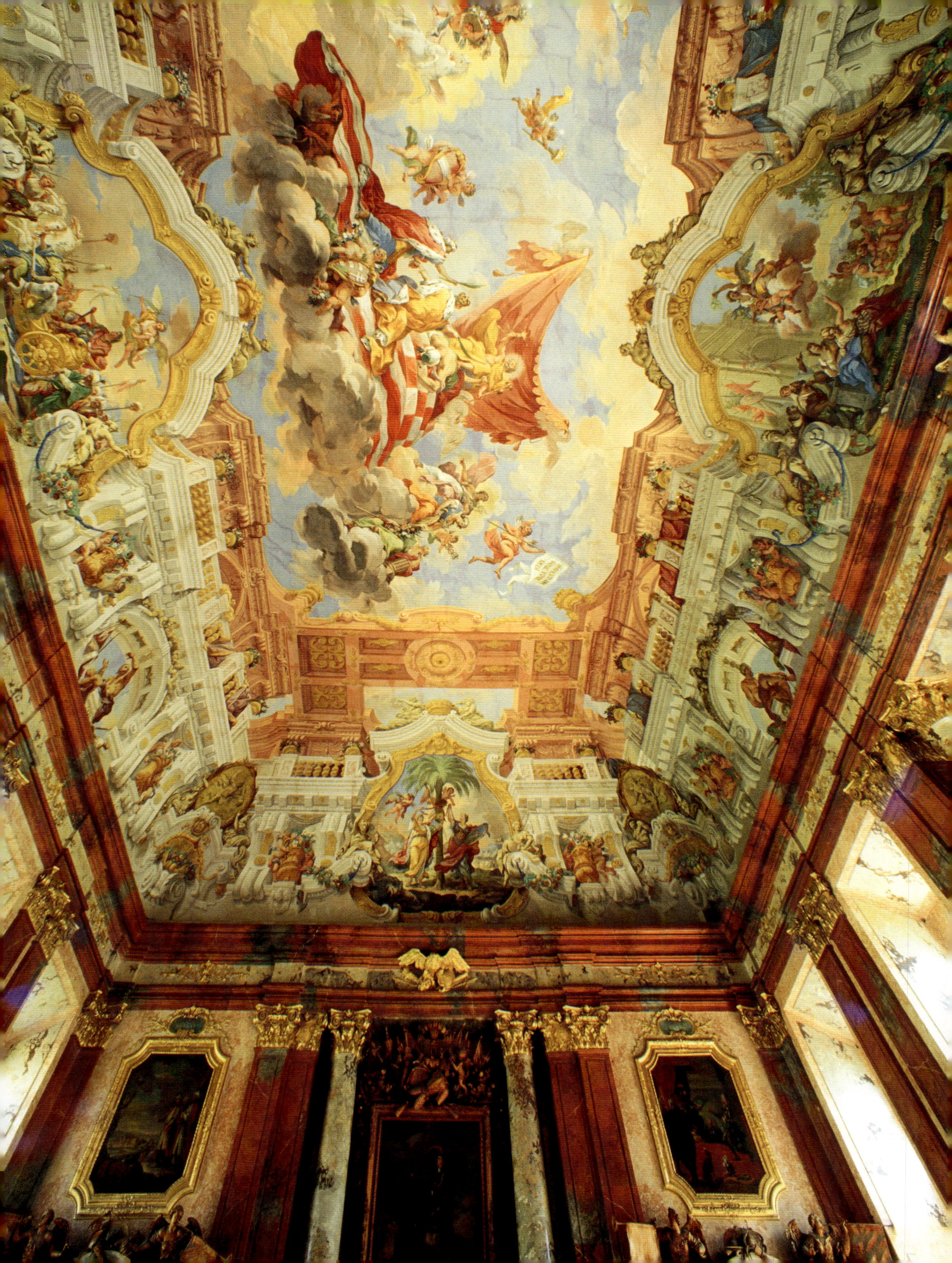

Enns an der Donau
Enns on the shores of the Danube

Steyr, Dachlandschaft
Steyr, landscape of roofs

Folgende Doppelseite: Wernstein am Inn, Innviertel
Following pages: Wernstein at the Inn, Innviertel

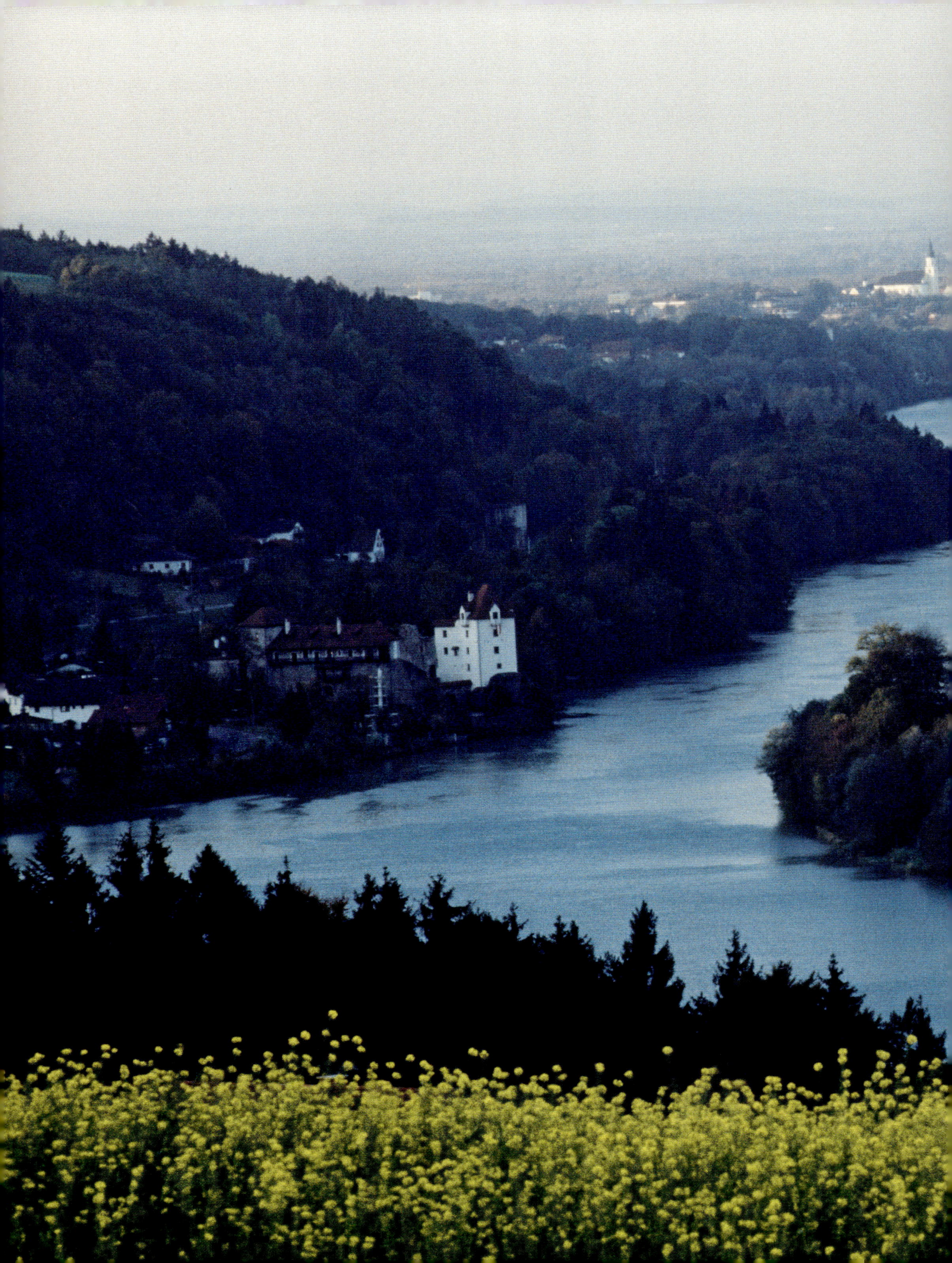

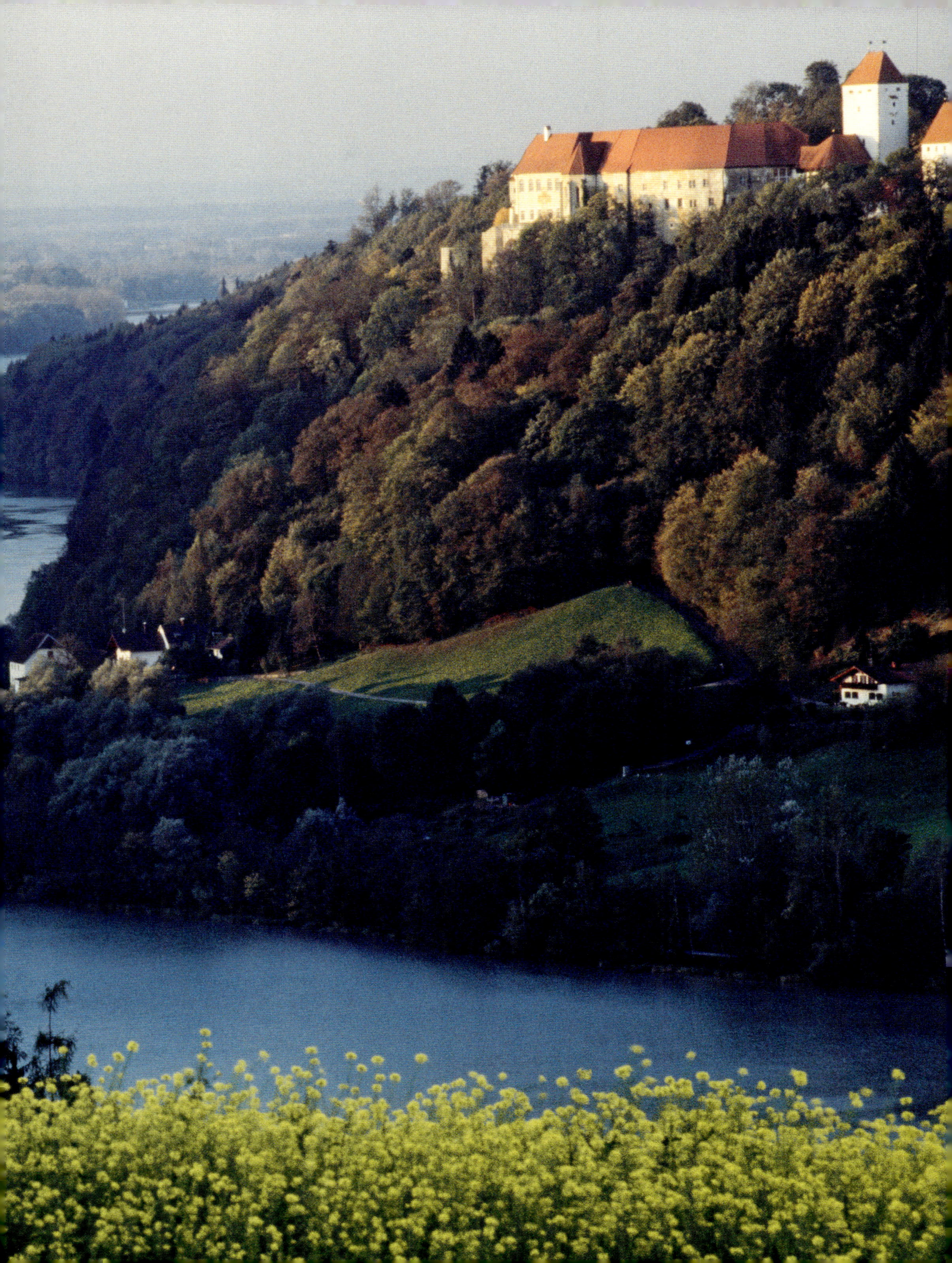

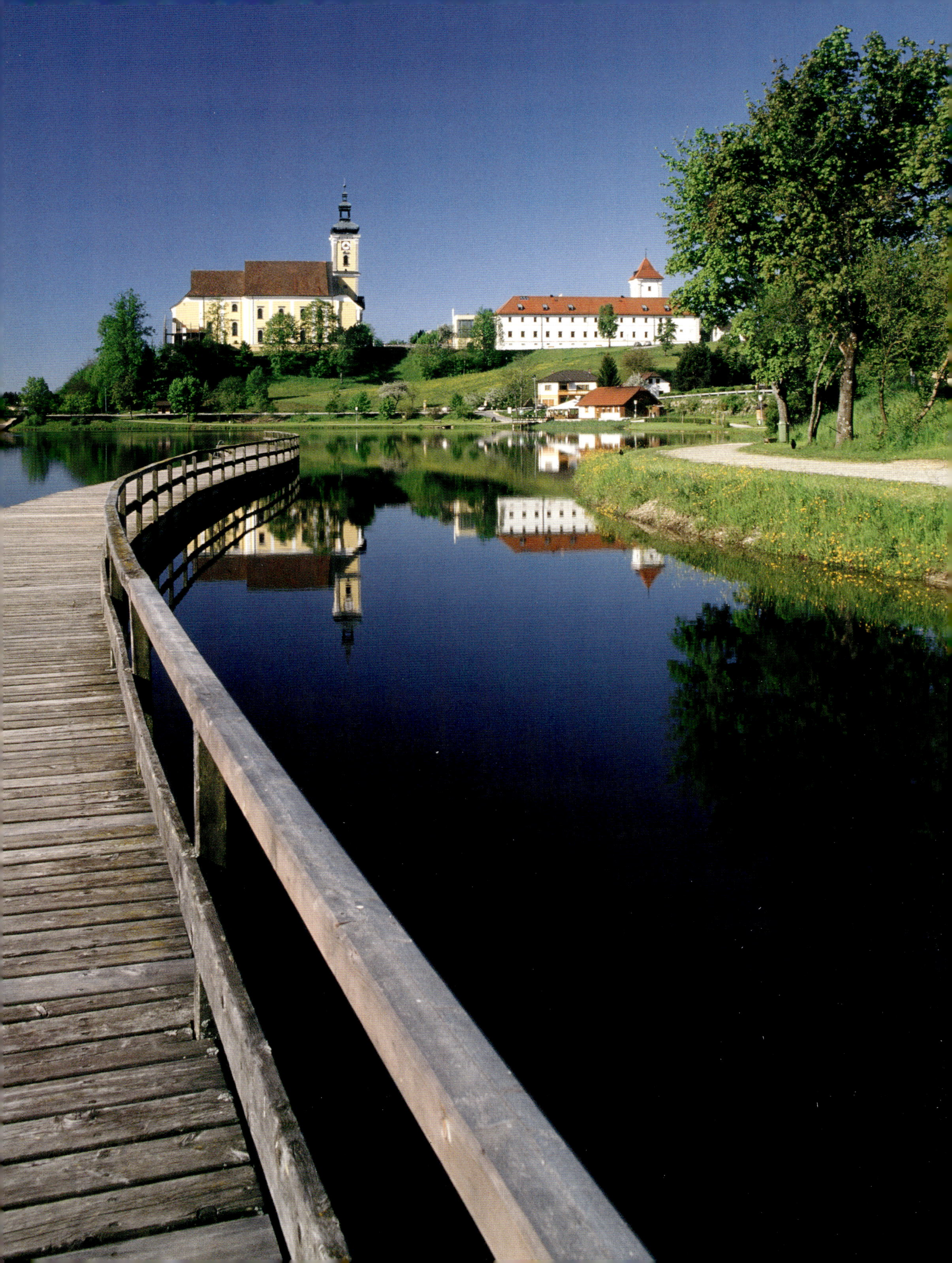

Von Heiligen, Heiligtümern und den schönsten Kirchen und Klöstern im Land

Wo sind wir vorhin stehen geblieben? Richtig, in Enns – und bei oberösterreichischen Grenzen. Verweilen wir noch ein wenig in Enns, schließlich stand hier die Wiege Oberösterreichs. Im Jahr 1212 verlieh ihr der Babenberger Herzog Leopold VI. das Stadtrecht. Damit gilt Enns als die älteste Stadt Österreichs. Wien erhielt das Stadtrecht erst neun Jahre später, 1221! Gegründet oder eigentlich zur Stadt ausgebaut hat Enns nahe dem uralten karolingischen Lorch Herzog Leopold V. Lorchs Bedeutung hatten die Awareneinfälle geschmälert. Es blieb aber weiterhin bis zur Mitte des sechzehnten Jahrhunderts zumindest das religiöse Zentrum des Gebietes.

In Lorchs Nachbarschaft wurde die Ennsburg errichtet, aus der Ennsburg entwickelte sich Enns. In Lorch, dem römischen Lauriacum, befinden wir uns im Zentrum und Kernbereich der Missionstätigkeit des heiligen Severin, der für Oberösterreich als die Leitgestalt der Christianisierung gelten kann, so wie für Salzburg der heilige Rupert oder für Deutschland Bonifatius. Severin von Noricum wirkte als Mönch und Missionar im ausgehenden fünften und beginnenden sechsten Jahrhundert. Und obwohl man von ihm wenig weiß und der legendenhaften „Vita Severini" aus dem zehnten Jahrhundert nicht ganz trauen darf, gilt doch als gesichert, daß er erfolgreich missioniert und zwischen den schon damals aufbrechenden divergierenden Glaubensrichtungen, auch gegenüber den arianischen Rugiern, „katholisierend", und das heißt auch kalmierend, friedensstiftend gewirkt hat. Er, dessen Leichnam ins Kloster Lucullanum bei Neapel transferiert wurde („Translatio" ist der theologische Fachausdruck für den häufigen Transport von Reliquien im Mittelalter), könnte gut als Landespatron gelten. Dann wäre der 19. Jänner, der Tag des Heiligen, vielleicht der Landesfeiertag. 1982 fand im Stadtmuseum Enns die Landesausstellung „Severin. Zwischen Römerzeit und Völkerwanderung" statt.

Zum Landespatron wurde indessen im Jahr 2007 nicht Severin, sondern der heilige Florian ausgerufen, nachdem früher der Babenberger Markgraf Leopold III. (1073–1136), der Patron Wiens und Niederösterreichs, auch Oberösterreichs Landespatron war. Religiöser Sezessionismus? Der Märtyrer Florian war Beamter der römischen Besatzungsmacht in der Provinz Noricum und wurde als Anhänger der neuen Lehre des Christentums unter dem letzten Christenverfolger, Kaiser Diokletian, hingerichtet und in der Enns bei Lorch ertränkt. An seinem Grab in St. Florian erhebt sich heute der prächtige Stiftsbau des Jakob Prandtauer, der nicht nur dem vielleicht populärsten Heiligen nach Johann Nepomuk geweiht ist, sondern auch als Begräbnisstätte des Komponisten Anton Bruckner, der mit dem Chorherrenstift eng verbunden war und hier als Organist wirkte, ein Wallfahrtsort der ganz besonderen Art geworden ist. Unter der heute sogenannten Brucknerorgel in der Krypta der Stiftskirche befindet sich der Sarkophag mit Bruckners Leichnam – „frei aufgestellt", wie es der im Kustodenstöckel des Schlosses Belvedere in Wien am 11. Oktober 1896 Verstorbene im Testament gewünscht und verfügt hat.

St. Florian ist wegen des Ortsheiligen, des Patrons nicht nur des Landes, sondern im besonderen auch der Feuerwehren, als Heiligtum, aber auch wegen seines gewaltigen Feuerwehrmuseums Wallfahrts- und Ausflugsziel der vielen Mitglieder der Freiwilligen Feuerwehren im Land. Sie kommen oft schon aus Leonding herüber, wo sie bei *Rosenbauer International AG Gruppe,* dem Hersteller modernster Feuerwehrtechnik, eine Betriebsbesichtigung absolviert haben. Gott zur Ehr, dem Nächsten zur Wehr …

Man findet an einigen Stellen Oberösterreichs das Schildchen „Weltkulturerbe", aber kaum irgendwo ist es so angebracht und berechtigt wie hier in St. Florian. Wer etwa die Freitreppe Jakob Prandtauers (1660–1726) im Stiftshof hinaufsteigt, fühlt sich, im ersten Stock angekommen, wie ein neuer Mensch, erhöht, erhoben, ja erhaben … Ein vergleichbarer architektonischer Superlativ, der einen ebenfalls zum Schwärmen bringt, sind etwa die Fischbehälter („Fischkalter") des Benediktinerstiftes Kremsmünster, die Carlo Carlone um 1690 erbaut und Jakob Prandtauer um 1717 erweitert hat. Es handelt sich dabei um einen atriumähnlichen, zum Himmel hin offenen Innenhof mit säulen- und statuengesäumten,

Stift Waldhausen (ein ehemaliges Kloster der Augustiner-Chorherren), Mühlviertel
Waldhausen Abbey (a former monastery of the Augustinian Canons), Mühlviertel

Stift Traunstein, Traunsee und Traunstein
Traunstein Abbey, Traunsee and Traunstein

Stift St. Florian, Portal
St Florian Abbey, one of the monastery's gates

von Rand- und Innengängen her einsehbaren Becken und Bassins, in denen die Fische in klarem Wasser schwimmen. Sogar der Meierhof und die Stallungen tragen in Kremsmünster die Handschrift des bedeutenden österreichischen Barockbaumeisters Prandtauer.

Eine architektonische Kostbarkeit *sui unici generis* ist die mit höchstem Recht auch als „Weltkulturerbe" ausgeschilderte Dreifaltigkeitskirche in Stadl-Paura, ein Werk des „Maurermeisters" Johann Michael Prunner (1669–1739). Er ist der Oberösterreicher unter den großen Architekten des Barock, in Linz geboren und in Linz gestorben. Er hat dem Land mit vielen Bauten in Schlierbach, Wels, Steyr, Kremsmünster, Spital am Pyhrn, Ebensee, Gmunden und anderen Orten seinen Stempel aufgedrückt. Auch die Pichler Kirche stammt von ihm. Und man kann verstehen, daß Rudolf Walter Litschel in seinem Buch *Kunststätten in Oberösterreich* über ihn wie folgt urteilt: „Vorzüglicher, einfallsreicher Gestalter, der mit seinen Arbeiten an jene des Dreigestirns

Benediktinerstift Kremsmünster, Kapitelsaal
Benedictine Abbey Kremsmünster, chapter house

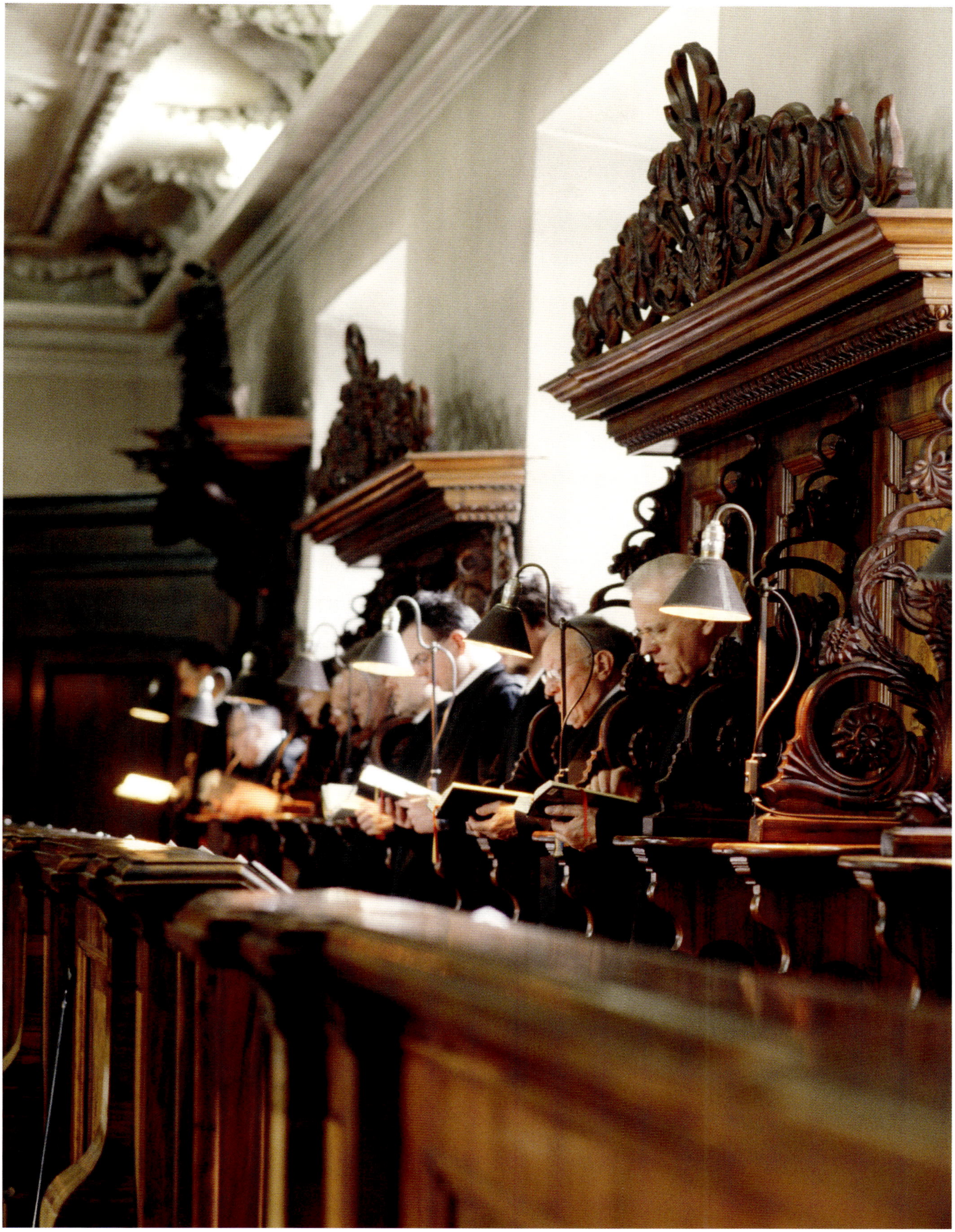

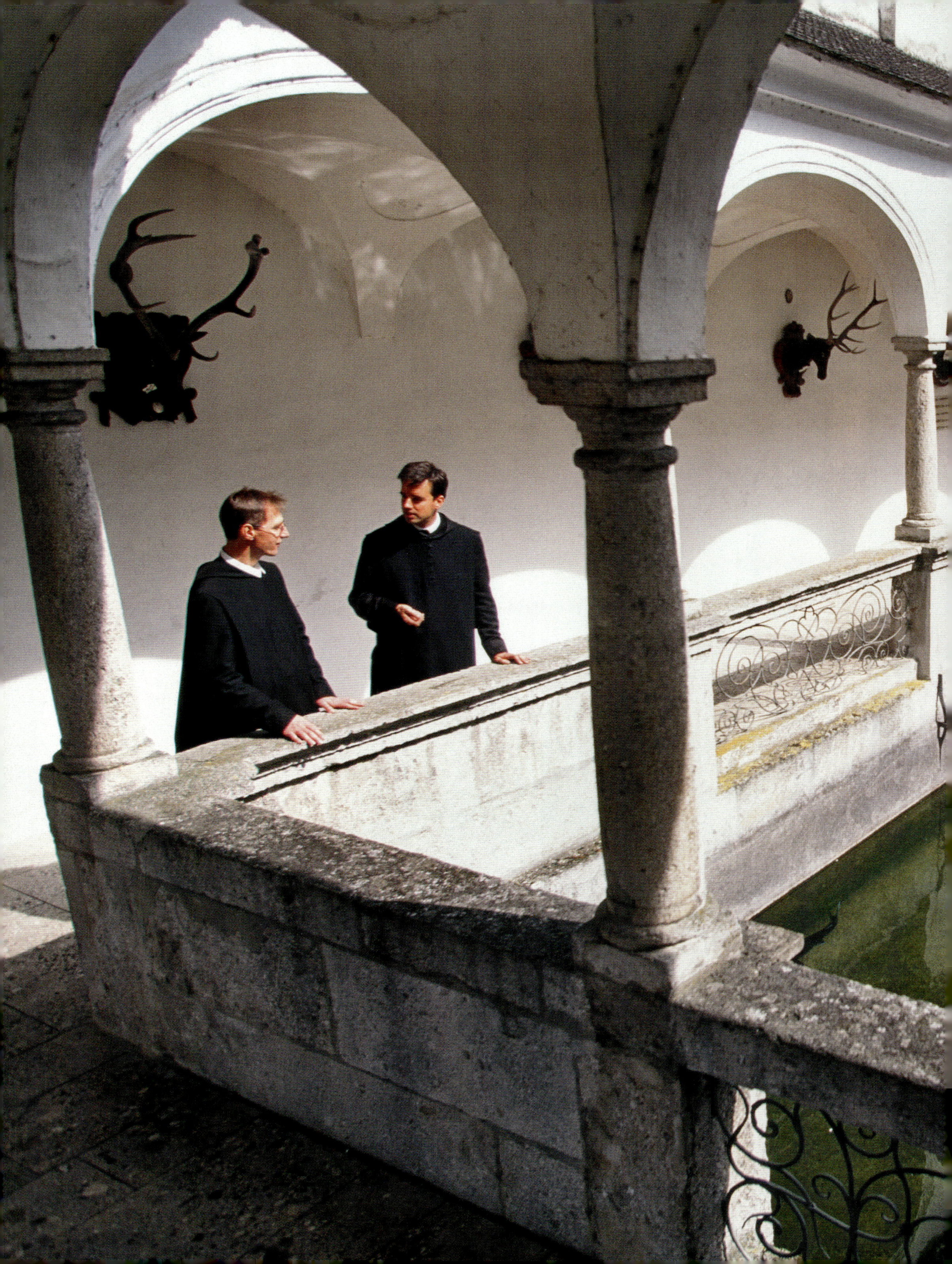

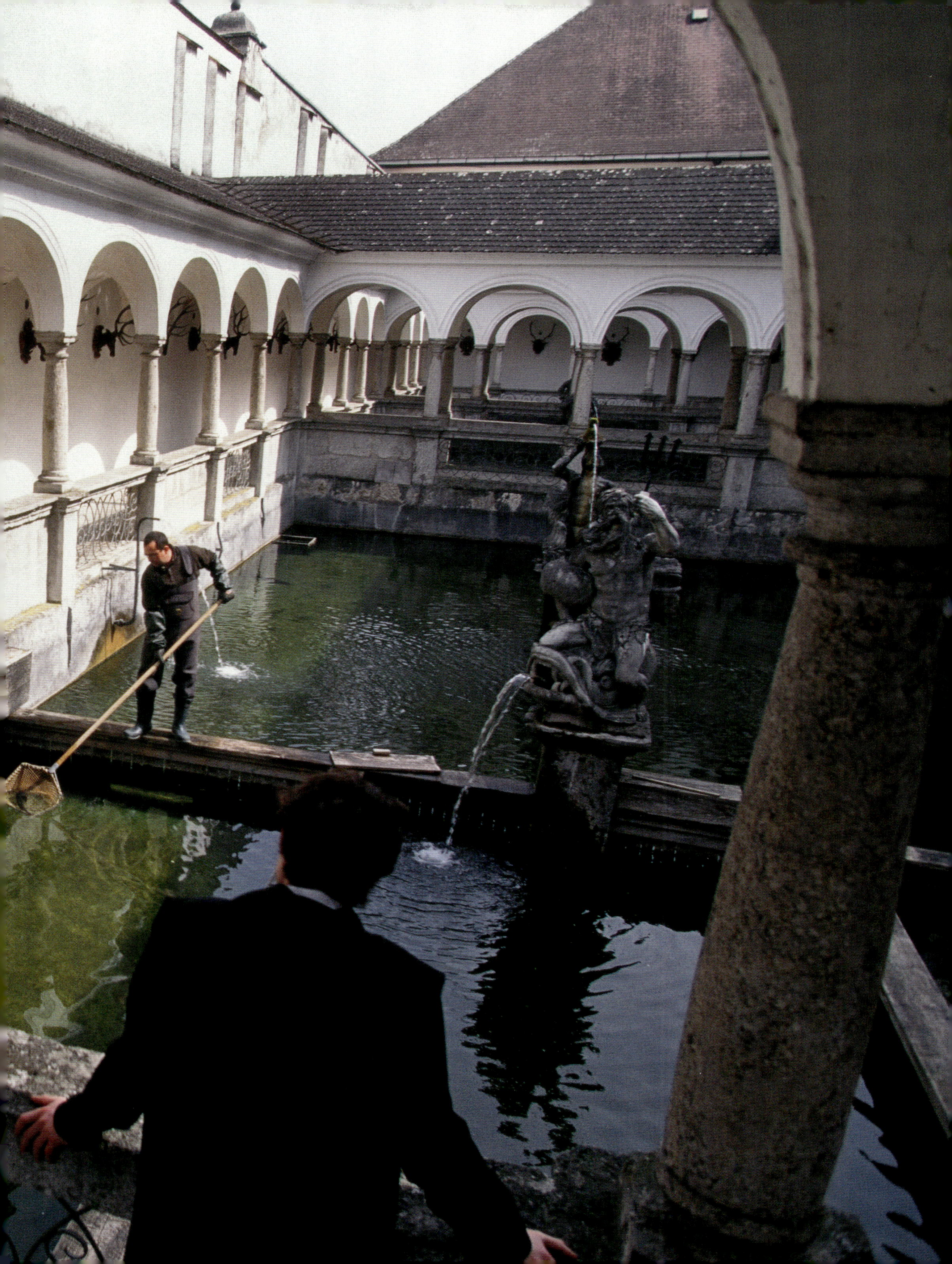

Stift Kremsmünster, Sternwarte („Mathematischer Turm")
Kremsmünster Abbey, observatory („Mathematical Tower")

Stift Kremsmünster, Sternwarte („Mathematischer Turm")
Direktor Amand Kraml mit dem Foucault'schen Pendel
bei einem Versuch, die Rotation der Erde nachzuweisen
Kremsmünster Monastery, observatory („mathematical tower");
head teacher Amand Kraml tries to establish the fact
of the earth's rotation with Foucault's pendulum

Fischer von Erlach–Prandtauer–Hildebrandt heranreicht". Von Prunner gibt es auch architektonisch essentielle Profanbauten. Ihm verdankt zum Beispiel das Schloß Kammer am Attersee jene heutige Gestalt, die vielen durch die Bilder Gustav Klimts vertraut ist.
Thomas Bernhard (1931–1989), der in Herleen in Holland geborene, in Salzburg und Bayern aufgewachsene, schließlich nach Oberösterreich (Ohlsdorf, Traunkirchen, Ottnang) gezogene und in Gmunden verstorbene große Schriftsteller, dessen Anwesen („Bauer zu Nathal") in Ohlsdorf, Obernathal, zu einer eindrucksvollen, vielbesuchten oberösterreichischen Gedenkstätte geworden ist, hat in seinem originellen Dissidententum und als „Übertreibungskünstler" das ironische Kunststück zuwege gebracht, alle österreichischen Stifte als grundhäßlich und als Landschaftsverschandelungen zu bezeichnen. Da dürften ihm sicher nicht nur die oberösterreichischen Tourismusmanager widersprechen ...
Freilich gilt, daß man, um seine Freude an den großen oberösterreichischen Stiften – wie Kremsmünster, Lambach, St. Florian, Schlierbach, Puchheim, Traunkirchen, Schlägl, Ranshofen, Wilhering, Mondsee, Waldhausen, Spital am Pyhrn, Reichersberg am Inn, Engelszell, Gleink, Garsten und Suben, wie die Klöster „in Betrieb" und die aufgelassenen alle heißen – zu haben, ein Freund und kein Verächter von Barock und Rokoko sein darf.

Vorhergehende Doppelseite: Stift Kremsmünster, Fischkalter
Previous pages: Kremsmünster Abbey, „Fischkalter" (fishpond)

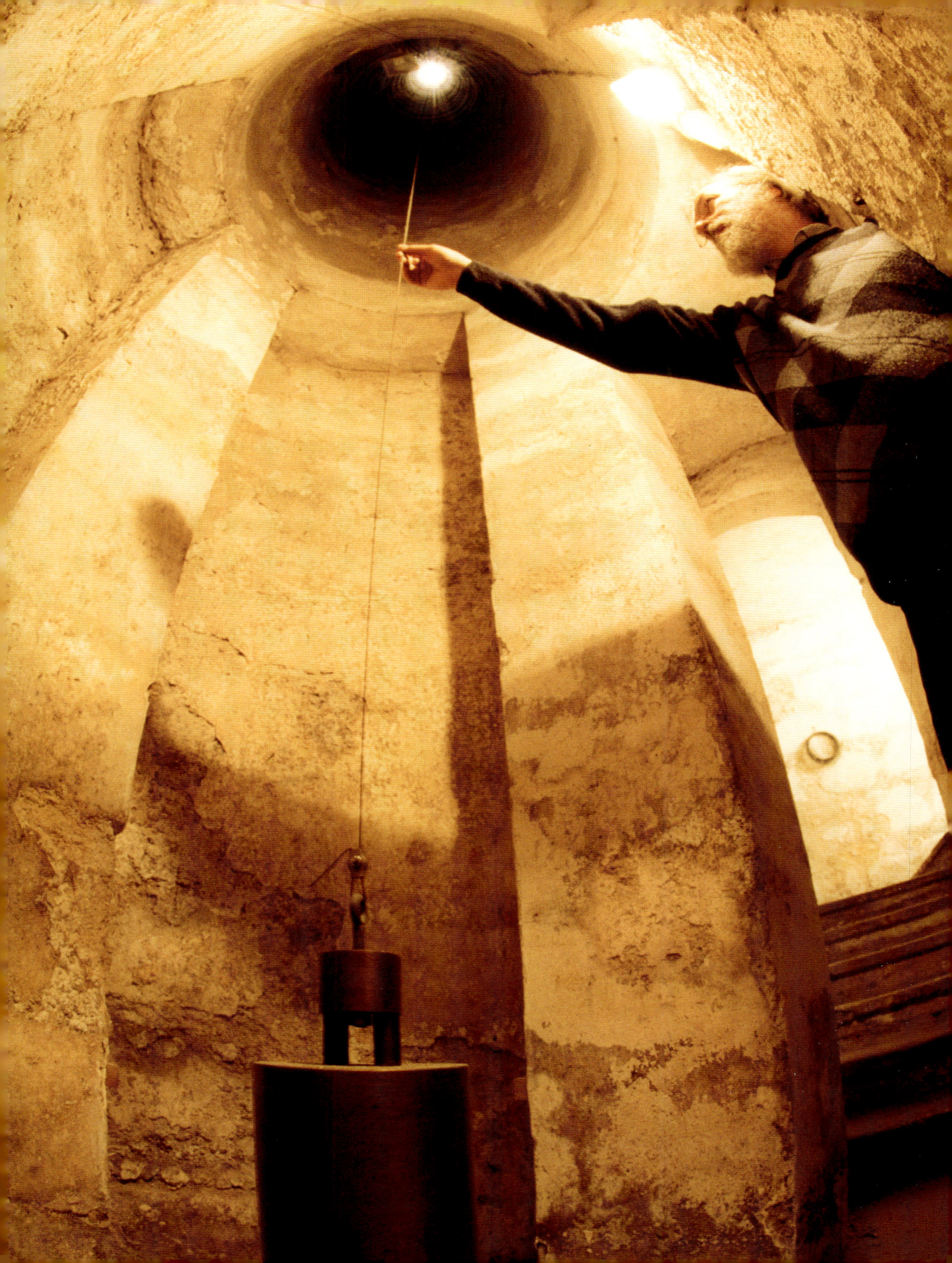

Aber auch Liebhaber von Gotik und Romanik, ja von karolingischer Kunst kommen dort, etwa in Lambach angesichts der ältesten Fresken Österreichs oder des zur eigentlichen Landeszimelie gewordenen Tassilokelchs im Stift Kremsmünster, gegründet 777, oder in Linz bei Besichtigung des ältesten Gotteshauses des Landes, der Martinskirche aus vorkarolingischer Zeit, auf ihre Rechnung. Wer die Gotik mit der Seele sucht, der wird sein Glück vor allem in St. Wolfgang beim Altar, den Michael Pacher, neben Thomas von Villach der bedeutendste Maler der Gotik, gemalt und gestaltet hat, finden. Oder auch in der Welser Stadtpfarrkirche, wo es alte gotische Glasfenster mit einer starken theologischen Aussage und einer überzeugenden ästhetischen Qualität und Farbenpracht zu bestaunen gibt.

Im nördlichen Teil des unteren Mühlviertels liegt die kleine Ortschaft Kefermarkt. Ihre Kirche birgt eine rare Kostbarkeit, den sogenannten Kefermarkter Altar, einen spätgotischen geschnitzten Flügelaltar, vermutlich aus Passauer Werkstätte. Der Künstler ist also unbekannt, der Anonymus kann sich aber mit den namhaftesten Bildhauern der Holzschnitzkunst wie Tilman Riemen-

Stift St. Florian, Gewölbe der Freitreppe, rechts der Marmorsaal
St Florian Abbey, the vaulted flight of stairs, on the right: the Marble Hall

Oben: Stift St. Florian
Above: St Florian Abbey

St. Wolfgang, Salzkammergut, Michael Pachers Altar
St Wolfgang, Salzkammergut, the winged altar created by Michael Pacher

schneider oder Veit Stoß messen. Bekanntlich hat sich Adalbert Stifter, nachdem er aus Wien als Landesschulinspektor nach Oberösterreich und Linz (das er nicht als reinen Glücksort erlebte) zurückgekehrt war, um die Erhaltung und Restaurierung des Altares verdient gemacht. Sie erfolgte mit den konservatorischen und restauratorischen Mitteln des neunzehnten Jahrhunderts und hat eine neuerliche und endgültige Rettung und Restaurierung im zwanzigsten Jahrhundert notwendig gemacht. Stifter hat freilich den Zeitgenossen die Augen geöffnet für die außerordentliche Schönheit dieses Kunstwerkes, vergleichbar vielleicht der erzieherischen Bedeutung Johann Wolfgang von Goethes für das Straßburger Münster in *Von deutscher Art und Kunst*. Stifter hat sich auch für die technischen Probleme des Restaurierens, die Eigenschaften der verschiedenen Holzarten und die praktischen Notwendigkeiten ihrer Bearbeitung und Erhaltung stark interessiert. Von diesem Interesse legt auch sein Hauptwerk, die Erzählung *Nachsommer* und dort das Kapitel über „Kerberg" *(Die Begegnung)*, ein verschlüsseltes Kefermarkt, beredtes Zeugnis ab: „Der Hochaltar ist aus Lindenholz geschnitzt, steht wie eine Monstranze auf dem Priesterplatze und ist von fünf Fenstern umgeben … und so war der geschnitzte Hochaltar von Vögeln, Fliegen und Ungeziefer beschmutzt worden, die Sonne, die ungehindert durch die viereckigen Tafeln hereinschien, hatte ihn ausgedörrt, Teile fielen herab und wurden willkürlich wieder hinaufgetan und durcheinander gestellt, und in Arme, Angesichter und Gewänder bohrte sich der Wurm. Darum haben die Behörden des Landes den Altar wiederhergestellt …" Nach Adalbert Stifter hat Oberösterreich sein Literaturhaus, Stifters Wohnhaus an der Donaulände, heute A. Stifterplatz 1, benannt, in dem nicht nur die Literatur mit einem großen Archiv und Veranstaltungsräumen, sondern auch der im Entstehen begriffene *Oberösterreichische Sprachatlas* und die Erforschung der Landessprache, der Mundart Oberösterreichs, Quartier bekommen haben.

Von der Kunst und der Wissenschaft in Linz

In der Nähe des Stifterhauses, donauabwärts, befindet sich heute das von den finnischen Architekten Heikki und Kaija Siren entworfene Brucknerhaus, das seit 1974 als Konzerthaus, aber auch für andere Großveranstaltungen, vor allem im Zusammenhang mit der „Ars electronica", als „Event-Hall" fungiert. In Urfahr, gegenüber dem neuen Rathaus, steht das Ars Electronica Center. Es gibt freilich im Hinblick auf das Jahr 2009, wenn Linz „Kulturhauptstadt" Europas wird, neue Errichtungs- und Ausbaupläne. Mit der sogenannten „Klangwolke", einem Megaspektakel nach der Art von „son et lumière", hat sich Linz unter den vielen österreichischen Festspielorten einen besonderen Platz und ein progressives Image erworben. Die sogenann-

Linz, Ars Electronica Center Linz, Ars Electronica Center

Rechts: Linzer Dom
Right: Linz, Cathedral

Nächste Doppelseite:
Linz, Donau-Lände
Following pages:
Linz, at the riverside
of the Danube

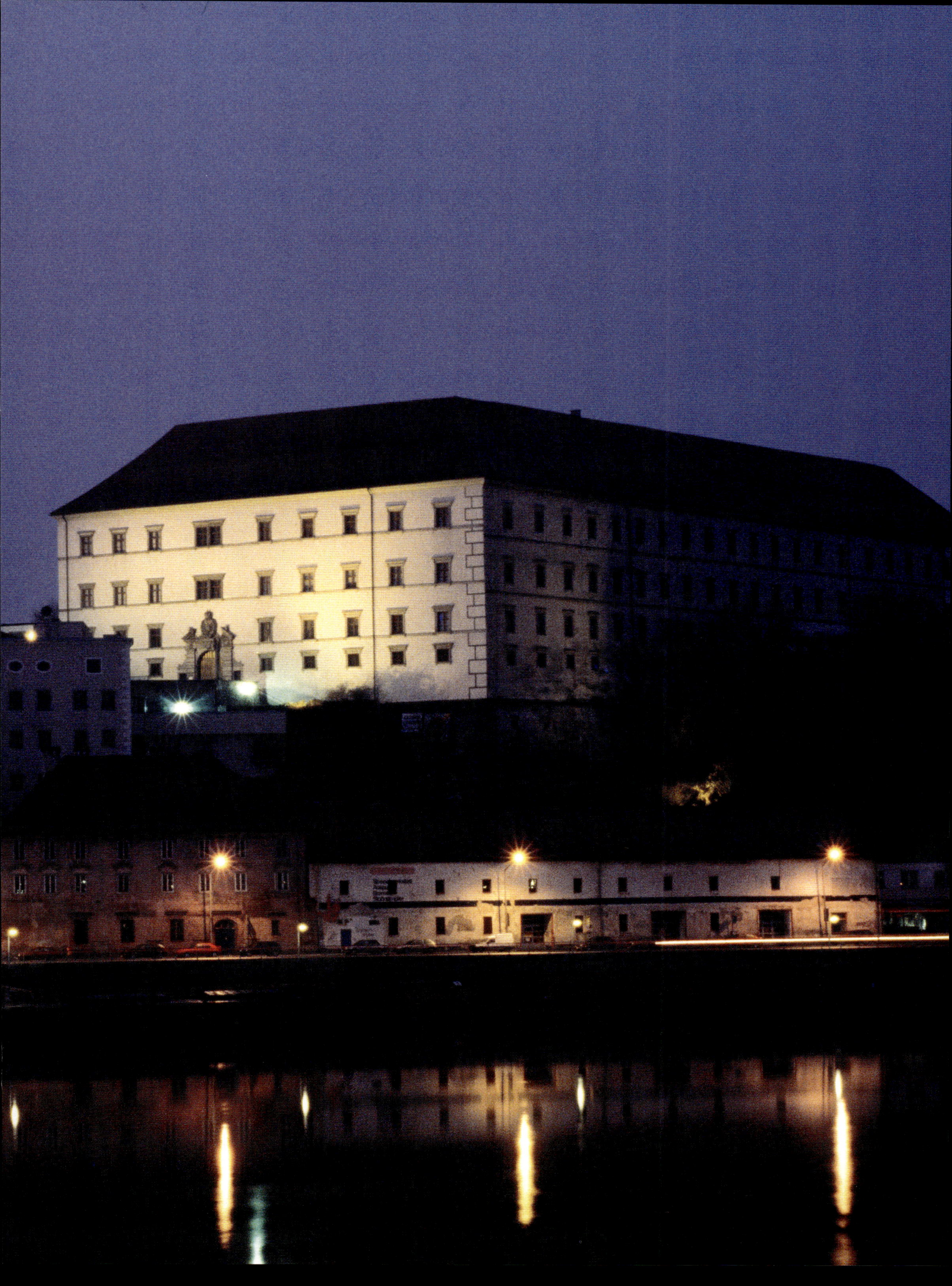

te Nike (der Nike von Samothrake nachgebildet), eine Statue der griechischen Siegesgöttin, ist in der Branche der mit den neuen Medien befaßten Informatiker und Künstler (Prix Ars Electronica) eine begehrte Auszeichnung geworden. Nach Bruckner ist auch das A. Bruckner-Konservatorium benannt gewesen, das heute zur „Anton Bruckner Privatuniversität" aufgestiegen ist. Und auch das repräsentativste oberösterreichische Orchester heißt „Anton Bruckner Orchester". Linz besitzt heute mit den zwei zu Universitäten gewordenen Pädagogischen Hochschulen und der Katholischen Theologischen Universität immerhin fünf hohe Schu-

Linz, Anton Bruckner Privatuniversität, Probe mit William Mason
Linz, Anton Bruckner Privatuniversität (university), rehearsal with William Mason

Linz, Jugendstil-Haus an der Landstraße
Linz, an art nouveau house (Landstraße)

len und Universitäten, allen voran die 1970 gegründete Johannes Kepler-Universität.
Kepler (1571–1630) lebte ab 1612 fünfzehn Jahre lang als Mathematiker der oberösterreichischen Stände und Lehrer an der Landschaftsschule in Linz, wo er bedeutende astronomische Werke wie die *Harmonices mundi libri V* veröffentlichte. Die Kepler-Universität hat im Sinne ihres Namensgebers in der Technik, aber auch in den Wirtschafts- und Sozialwissenschaften sowie in den Rechtswissenschaften ihre Schwerpunkte und gilt als besonders wirtschaftsnahe. In gewisser Weise war sie mindestens am Anfang ein Kind der voestalpine AG, der Vereinigten österreichischen Eisen- und Stahlwerke, die es bekanntlich als das große einheitliche Unternehmen von damals auch nicht mehr gibt. Aber zur Wirtschaft und damit zur materiellen Grundlage von allem kommen wir später. Natürlich gibt es in Linz und in Oberösterreich heute auch die neuen Fachhochschulen. So wurde etwa aus der traditionsreichen Welser Müllereifachschule eine Fachhochschule für Ernährungstechnik.
Zwischen Stifterhaus und Brucknerhaus befindet sich seit der Jahrtausendwende das neue Lentos Kunstmuseum, ein Museum der Avantgarde. Als Nachfolginstituti-

on der Neuen Galerie der Stadt Linz zählt es zu den wichtigsten Museen moderner und zeitgenössischer Kunst in Österreich Hier gibt es auch eine Sammlung von Werken der Klassischen Moderne. Ein neues repräsentatives Musiktheater ist nach heftigen Kämpfen und Krämpfen und dem Scheitern eines Projektes, eines unterirdischen Theaters im Römerberg anstelle des alten Landestheaters, nun auf dem Gelände des alten Krankenhauses in der sogenannten Blumau, wo sich auch ein moderner Bahnhof und ein großes Leistungszentrum für die Landesverwaltung befinden, im Entstehen begriffen.

Ein kirchlicher Superlativ an neugotischer Noblesse und buchstäblich überragender Dimension ist sicher der nun hundert Jahre alt gewordene Linzer Marien-Dom, den die Stadt der Initiative des sich gegen den Zeitgeist des Liberalismus auflehnenden Bischofs Franz Josef

Linz, Stadtmuseum Nordico, Bischofsstab (Curva)
Linz, Nordico – Museum of the City of Linz, crosier

Linz, Stadtmuseum Nordico, Cicero-Büste
von Orazio Marinali, um 1700
Linz, Nordico – Museum of the City of Linz,
bust depicting Cicero by Orazio Marinali, around 1700

Rudigier (1811–1884) und seines „Dombauvereines" verdankt. Er ist das größte Gotteshaus des Landes und hat einen Turm, der jenem von St. Stephan in Wien nur um ein Geringes nachsteht. Eine eigene Diözese Linz gibt es ja erst seit 1784. Davor hatte das Erzbistum Passau hier wie auch in Niederösterreich das Sagen. Die Bischofskirche Rudigiers war freilich der Alte Dom, wo ihn, den einsamen Bischof, sein Organist Anton Bruckner einige Male hinter verschlossenen Türen an der Orgel religiös erbaut und getröstet hat. (Sollte dies nicht wahr sein, dann hat es Fritz Grüninger in seinem Bruckner-Roman *Der Ehrfürchtige* wahrlich gut erfunden.) Die zweitgrößte oberösterreichische Kirche nach dem Dom in Linz ist die Kirche in Mondsee. Sie läßt einen noch etwas erahnen von der unvergleichlichen Bedeutung des alten Klosters („Mondseer Fragmente").

Folgende Doppelseite: Mondsee Following pages: Mondsee

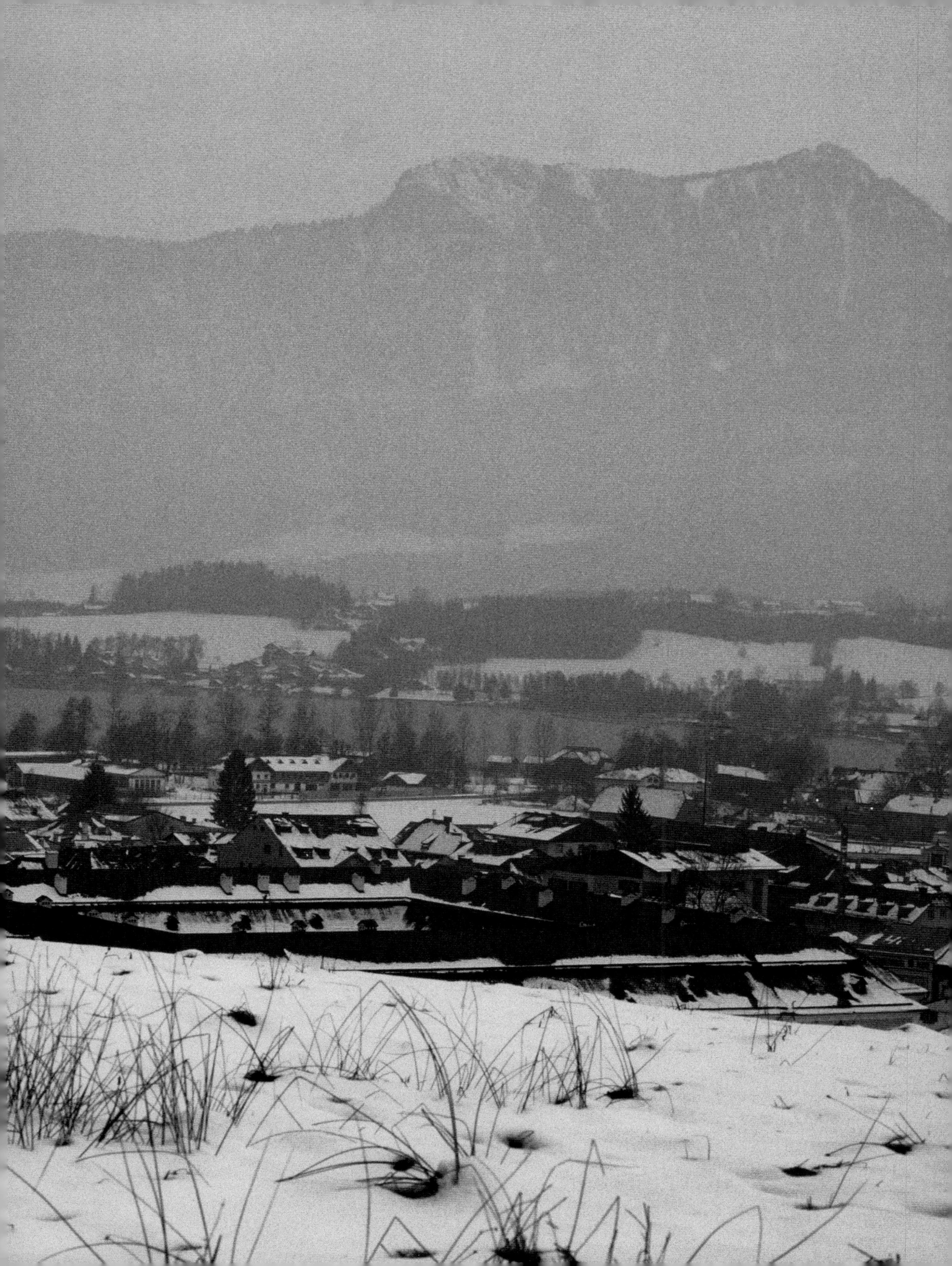

Von Kelten und Römern, Rittern und einem Revolutionär

Wels, Römisches Museum, Archäologische Sammlung, Bronzestatuette einer Venus von Gunskirchen (1./2. Jh. n. Chr.)
Wels, Museum of the City, Archeological Collection, bronze statue of Venus, excavated in Gunskirchen (1st or 2nd century AD)

Römerberg, Lentos – das sind die Stichworte für einen kleinen Ausflug in die Ur- und Vorgeschichte, aber vor allem ins römische Oberösterreich, einen Teil der Provinz Noricum. *Lentos* kommt schließlich von *Lentia*. *Lentia* aber soll ein keltisches *lentos*, was eine Flußkrümmung bezeichnet, zur Grundlage haben. Dann liegt Linz sozusagen in einer Donauschlinge und in der „Biegung". Auch der römische Name der Stadt Wels, Ovilava nach keltischem Vilesos, bedeutet einen Ort an einer Flußwindung, der Traun diesmal. Viel Römisches gibt es in oberösterreichischen Museen zu sehen. Beschränken wir uns und fokussieren wir auf weniges Exzeptionelles. Eine solche wunderbare Besonderheit ist sicherlich die „Venus von Wels" im Welser Stadtmuseum, eine Bronzestatuette aus dem dritten Jahrhundert von nicht ganz fünfzehn Zentimetern Höhe. Ein Bauer aus Hof bei Gunskirchen hat die Skulptur aus seinem Feld geackert, weswegen die Gunskirchner nicht ganz zu Unrecht meinen, sie müßte eigentlich „Gunskirchner Venus" heißen und rechtens auch in Gunskirchen stehen. Im Welser Volksgarten steht übrigens eine große Nachbildung der Venus, die in entspanntem Kontrapost steht und in einen Spiegel in ihrer Linken schaut, während sie mit der Rechten einen Zopf oder eine Haarsträhne hebt. Was für Niederösterreich also die „Venus von Willendorf" ist, das ist für Oberösterreich die „Venus von Wels". Freilich ist die Venus von Willendorf einige tausend Jahre älter, dafür ist die Welser Venus um einige Zentimeter höher und vor allem schöner – ja, wirklich, wunderschön. Und noch eine Kostbarkeit, an der man nicht vorbeikommt, birgt das Welser Museum. Ich meine den sogenannten Grabstein der Ursa. Als „einziges frühchristliches Schriftzeugnis in Österreich" bezeichnet es Peter Pleyel in *Das römische Österreich, Fundstätten und Museen*. Und der Text des Grabsteins aus Chloritschiefer aus dem ausgehenden vierten Jahrhundert ist so berührend, daß er hier trotz der gebotenen Kürze wörtlich und in voller Länge zitiert werden soll: „Ich, Flavius Ianuarius, ein Soldat, habe diesen Grabstein bei meinen Lebzeiten errichtet. Geborgen im Grabe allhier ruht Ursa, eine gläubige Christin, im Alter von 38 Jahren. Infolge einer Geburt raffte das grausame Schicksal sie plötzlich hinweg und lieferte sie der tiefsten Unterwelt aus, und mich hat sie plötzlich verlassen, den Gatten, der ihr fürs Leben verbunden war. Ich Unglückseliger irre umher und suche sie, die ich selbst für immer unter der Erde bestattet habe. O, was könnte das Schicksal noch bieten, das liebende Gatten trennt, so wie wir nicht vereint die Liebe auf Erden genießen durften. Dies sage ich den Lesern und Tränen begleiten die Worte: In Liebe verbundene Leute sollen immer glücklich sich preisen, weil es nichts Süßeres geben wird als die erste Jugend." Dies lesend, auch oder gerade wenn man nicht mehr in der „ersten Jugend" lebt, denkt man an den „Ackermann aus Böhmen" aus dem fünfzehnten Jahrhundert, in dem auch ein Witwer für seinen Schmerz über den Tod seiner Gattin mitleiderregende Worte findet.

Auch einige antike Exponate im Linzer Oberösterreichischen Landesmuseum Francisco Carolinum, im Schloßmuseum und auch im Stadtmuseum Linz, dem Nordico, kommen aus Wels und auch aus Lorch. Ein Grabsteinrelief eines römischen Soldaten aus dem vierten Jahrhundert im Landesmuseum wurde freilich an Ort und Stelle, bezeichnenderweise in der Linzer Römerstraße 17, gefunden. Und auch in den römischen Fundamenten der erwähnten Martinskirche auf dem Römerberg finden sich zehn eingemauerte Grabsteine. Es gibt also in Oberösterreich genug Römisches, was ein Mensch wie ich, der in Kärnten, dem Land des „Jünglings vom Magdalensberg", lebt und deshalb, was Ausgrabungen und Antikes betrifft, ein wenig verwöhnt ist, aufrichtig bewundern kann.

Superlative über Superlative. Wo soll man anfangen und wo aufhören? Natürlich hält sich ein Reisender, der ein Land erwandern oder „erfahren" will, an das Außerordentliche und so gesehen Sensationelle, das es nicht überall, sondern nur hier gibt. Desgleichen verfährt in der Regel der Reiseschriftsteller, er sucht und beschreibt das Besondere, und die Tourismusmanager preisen es an. Wer es etwas nüchterner (und ohne Geschäftsinteressen) angeht und betrachtet, wird wissen, daß auch

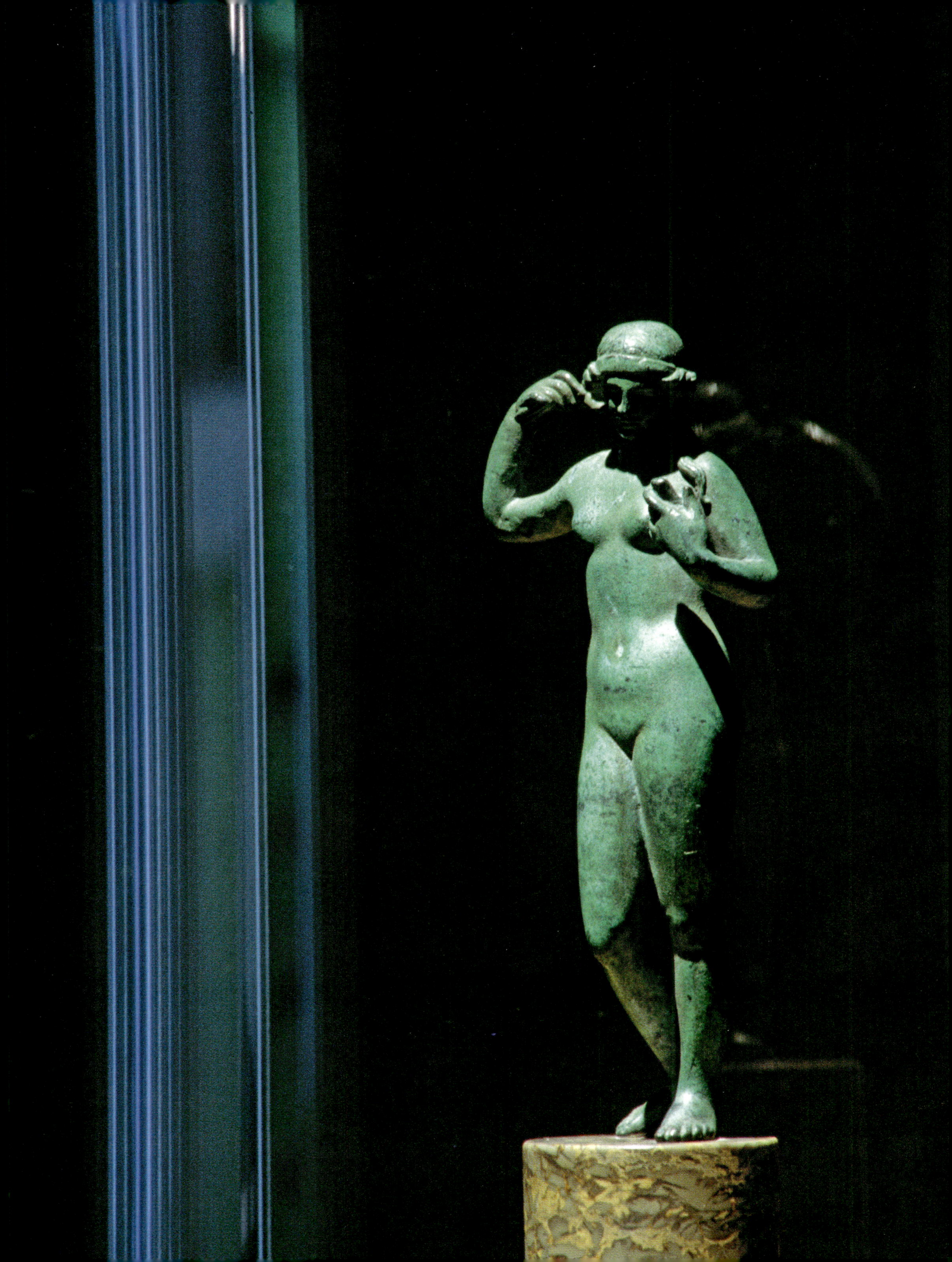

Hallstatt, Salinen Austria, Salzstock
Hallstatt, Salinen Austria, salt crystal

Hallstatt, Salinen Austria, Bergmann und historisches Seil aus der Keltenzeit
Hallstatt, Salinen Austria, a miner and – in the foreground – a celtic rope

die sogenannte Alltagskultur eines Landes ihren Reiz hat, ja, über den besonderen Charme der Bescheidenheit verfügt. Wonnen der Gewöhnlichkeit! Schließlich wird man, vergleicht man das Reisen mit dem Essen, auch in Oberösterreich nicht tagtäglich eine Linzer Torte verspeisen, jene Linzer Torte, die angeblich, wie ausheimische Neider behaupten, gar nicht aus Linz kommt, sondern von einem Wiener Konditor namens Linzer erfunden worden sei – als ob man nicht wüßte, daß ein Mensch nomine Linzer ursprünglich auch aus Linz und vermutlich von jenem an der Donau und nicht vom Rhein gekommen sein muß. Vielleicht wird man auch einmal den sogenannten Leberbunkel versuchen (das mittelalterliche Wort „Bunkel" bedeutet Kuchen) oder auch die Pofesen, jene in heißem Fett herausgebackenen Brotschnitten, die im Binnendeutschen als „Armer Ritter" bezeichnet werden. Und besonders empfehlenswert sind natürlich die oberösterreichischen Bauernkrapfen, jene in Schmalz gebackenen kreisrunden Köstlichkeiten mit dem teigigen Transparentauge im Zentrum – auch eine wohlfeile „Delikatesse" jenseits der Fleischspeisen. Oder es wandelt einer auf den Spuren Thomas Bernhards, der auf dem Weg von Ottnang nach Ohlsdorf häufig in Gaspoltshofen im Wirtshaus Klinger die von ihm gerühmte Frittatensuppe gegessen hat.

Ich setze mich in Wels, der geographischen Mitte Oberösterreichs, in einen Zug, keinen Intercity der groß ausgebauten Westbahn, sondern in den Lokal- und Bummelzug nach Eferding, den eine Diesellokomotive zieht, um dort, vor den Toren der Stadt mit dem Schloß der berühmten Familie Starhemberg, ein Bauwerk zu besuchen, das mir besonders am Herzen liegt – die Schaunburg. Hier, am Ziel so vieler Schulausflüge und Exkursionen, vermitteln einem die Fragmente einer einmal stattlichen Burg, Oberösterreichs Hochosterwitz gewissermaßen, mit einem hochaufragenden Bergfried, den Fragmenten eines dereinst prächtigen Palas', Wehrgängen und Hurden, Erkern und Söllern, einer wie von Caspar David Friedrich gemalten Kapellenruine, geheimnisvollen, verschütteten Gewölben und vor allem mit einem Wehrgraben mit zwei Tortürmen, dem Haupttor und dem Mannsloch und der Zugbrücke ein Ritter- und Mittelalter-Erlebnis mit Tiefendimension. Ein Zwinger läßt schaudern. Die Veste Schaunberg war der Ansitz eines hochfreien Geschlechtes, dem nach 1367 durch Kauf vom Passauer Bischof auch die Stadt Eferding gehörte, wo es schließlich seine Residenz errichtete. 1559 stirbt das Geschlecht der Schaunberger „im Mannesstamme" aus, wie es in Norbert Grabherrs *Burgen und*

Schaunburg bei Eferding, Innviertel
Schaunburg near Eferding, Innviertel

Schlösser in Oberösterreich heißt. Das ist die Stunde der Starhemberger. Da treten nämlich mit Erasmus, dem Mann der Schwester des letzten Schaunbergers, des Grafen Wolfgang, die Starhemberger auf den Plan. Die Schaunburg selbst galt zu ihrer Zeit als uneinnehmbar, und an ihr hat sich der österreichische Herzog Albrecht III., der die rebellischen und unbotmäßigen Schaunberger berannte und belagerte, die Zähne ausgebissen. Wer es nicht so genau wissen will, schaut vom Burgberg über das weite, fruchtbare, gemüsereiche Eferdinger Becken und genießt die herrliche Aussicht. Der Berg heißt nicht umsonst Schaunberg – selbst wenn es sich bei der Herleitung von „schauen" um eine Volksetymologie handelt. Man blickt hinüber nach St. Agatha und denkt an den Bauernführer Stefan Fadinger, der nach dem großen Bauernaufstand von 1594–1597 die oberösterreichische „Erhebung" von 1626 „angezettelt" hat, und schließlich an die Wirren des Dreißigjährigen Krieges (1618–1648). Oberösterreich war ja fast vollständig protestantisch geworden, und die radikale Gegenreformation unter Adam Graf Herberstorff führte nicht nur zu religiösen, sondern auch zu sozialen Konflikten. Fahren wir von Eferding nach Linz, so passieren wir das sogenannte Emlinger Holz, wo eine der grausamsten Niederlagen der rebellischen Bauern stattgefunden hat. Wie die Dohlen seien die schlecht oder unbewaffneten Bauern von den Bäumen, auf die sie geflüchtet waren, heruntergeschossen worden, heißt es in einer zeitgenössischen Quelle. Die Erinnerung an eine andere Grausamkeit gegenüber den protestantischen und protestierenden Bauern hält das sogenannte „Frankenburger Würfelspiel" wach.

Krautbauer, Innviertel
Cabbage farmer, Innviertel

Bei Leitrachstätten wird in einem Festspiel alle zwei Jahre seit 1925 jenes Würfeln ums Leben nachgespielt, das die Bauern auf dem Haushamer Feld unter Graf Herberstorff im Mai 1625 austragen und ertragen mussten und das schließlich dazu geführt hat, daß siebzehn Bauern gehenkt wurden. Vormerken: Bauernkriegsmuseum in Peuerbach besuchen!

Auf dem Weg nach Linz, wo Fadinger im Jahr 1626 den Tod fand, kommen wir auch bei Alkoven an Schloß Hartheim vorbei. Auch dies ist ein Ort des besonderen Totengedenkens. Und hier ist vielleicht auch der Platz, um an den 2006 verstorbenen oberösterreichischen Dichter Franz Rieger zu erinnern, der mit *Schattenschweigen oder Hartheim* das entsprechende notwendige große Buch über diesen Ort, an dem die Nationalsozialisten ihr Unwesen getrieben haben, geschrieben hat.

Heidnischer Feldstein (im Hintergrund: Mühlrad), Mühlenwanderweg, Mühlviertel
A pagan stone (in the background: mill wheel), Mühlenwanderweg (footpath of mills), Mühlviertel

Wels, Römisches Museum
(ehemaliges Museumsgebäude in der Pollheimerstraße),
Skelett in Bleisarg (gefunden 1918 am rechten Traunufer
in Aschet, gegenüber von Wels/Ovilava), 2. Jh. n. Chr.
Wels, Museum of the City (former museum's building on the
Pollheimerstrasse), Archeological Collection, skeleton in a lead
coffin, 2nd century AD (excavated near the Traun in Aschet,
vis-à-vis Wels in 1918)

Wels, Römisches Museum, römischer Meilenstein von der Straße an die Donau, 236 n. Chr. unter Kaiser Maximinus Thrax
Wels, Museum of the City, Roman milestone from the road to the Danube, 236 AD (Emperor Maximinus Thrax)

Linz, Linzer Torte, Konditorei Jindrak
Linz, traditional cake, Café Jindrak

Bad Ischl, Sisi-Schaufenster, Konditorei Zauner
Bad Ischl, shopping window dedicated to Empress Elisabeth, Konditorei Zauner

Von den Burgen und Schlössern in den vier Vierteln

Jedes der vier oberösterreichischen Viertel, das Traunviertel, das Mühlviertel, das Innviertel und das Hausruckviertel, hat Burgen und Schlösser, von denen aus man die Gegend und das Umland historisch erschließen und als Geschichtsinteressierter, wenn man gut bei Fuß ist, auch erwandern könnte.

Der Hauptteil des Innviertels kam erst 1704 vorübergehend und 1779 im „Frieden von Teschen" definitiv von Bayern an Österreich, wobei es aber zwischen 1809 und 1814 noch einmal zu Bayern gehörte. Gerade in dieses Zeitfenster ist mein Urgroßvater Stefan Brandstetter aus Tumeltsham bei Ried hineingeboren. Mir ist, als spürte ich das bayrische Blut in mir. Die eindrucksvollste Burg des Innviertels ist so gesehen die bayrische Burg in Burghausen an der Salzach. Zugleich ist sie auch die größte, das heißt längste Burg Europas! Konrad von Burghausen war einer der bedeutendsten Äbte des Klosters Ranshofen und er könnte im dreizehnten Jahrhundert der Vorgesetzte des Wernher des Gärtners gewesen sein, der die Mär von Helmbrecht (früher als *Meier Helmbrecht* die erste „Dorfgeschichte", die in den Lehrbüchern verzeichnet war) in der zweiten Hälfte des dreizehnten Jahrhunderts geschrieben hat. Es ist die Geschichte des Bauernsohnes, der sich den „Raubrittern" anschließt und zugrunde geht – eine der eindrucksvollsten Erzählungen des Mittelalters und mit gutem Recht oft an Bedeutung dem Parzival des Wolfram von Eschenbach oder dem Nibelungenlied an die Seite gestellt.

Schloss Parz, Grieskirchen,
Detail der West-Fassade: Renaissancefresko
Parz Castle, Grieskirchen, detail of the western façade with the Renaissance fresco

Schloss Parz, Grieskirchen
Parz Castle, Grieskirchen

Folgende Doppelseite: Gmunden, Schloss Orth
Following pages: Gmunden, Orth Castle

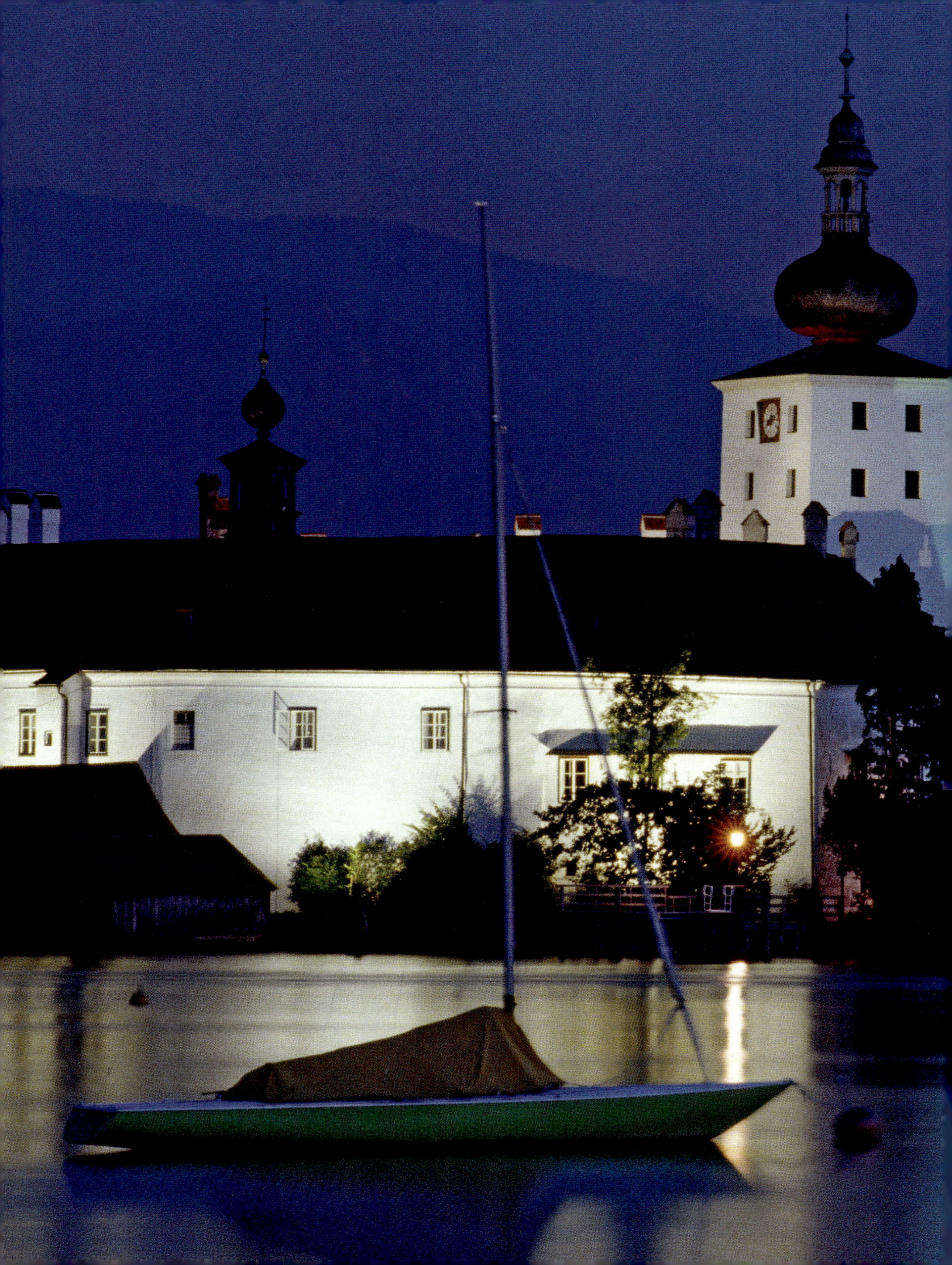

Auch Linz und Wels besitzen Burgen, und sowohl in der riesigen Linzer als auch in der bescheideneren Welser Burg wurde Geschichte geschrieben. In der Burg zu Wels gab es 1983 die repräsentative Landesausstellung „Tausend Jahre Oberösterreich. Das Werden eines Landes". Merkwürdigerweise sind beide Burgen, die Welser und die Linzer, Sterbeorte eines Kaisers. In der „curtis regia", seinem geliebten Welser Königshof, starb am 12. Jänner 1519 Kaiser Maximilian I., der „letzte Ritter", als er sich gerade auf der Durchreise befand. Im heutigen Museum der Burg zeigt man nicht nur das mutmaßliche Sterbezimmer, sondern auch eine Nachbildung des Trauerzuges, in dem die Leiche des Kaisers auf einer von Pferden gezogenen Stafette von der Burg zu den ersten Exequien in die Stadtpfarrkirche gefahren wird. Bestattet wurde Maximilian ja bekanntlich in Wiener Neustadt, nicht in Wels, aber auch nicht in Innsbruck, wo sich sein in Auftrag gegebenes monumentales Grabdenkmal mit den „Eisernen Mandern", einschließlich des Königs Artus, befindet. In Linz aber starb Maximilians Vorgänger Friedrich III. am 19. August 1493 unter dramatischen Umständen. Der ausdrucksstarken und eindrucksvollen Drastik wegen habe ich in meiner ersten Buchveröffentlichung, *Überwindung der Blitzangst*, eine diesbezügliche Passage mit dem Titel *Hans Suff von Göppingen* aus dem Werk

Gmunden, Schloss Orth, Uhrwerk im Uhrturm
Gmunden, Orth Castle, clock mechanism in the tower

Vor und nach Paracelsus des deutschen Germanisten Gerhard Eis zitiert, ein Fundstück gewissermaßen: „Hans Suff von Göppingen wurde im Jahre 1493 zusammen mit vier anderen Wundärzten – Erhard von Graz, Friedrich von Olmütz, Heinrich Pflaunsdorfer von Landshut und Hilarius von Passau – nach Linz an der Donau geholt, um Kaiser Friedrich III. ein an Altersbrand erkranktes Bein abzusetzen. Er und Hilarius von Passau führten die Säge."

Ja, die Burgen Oberösterreichs! Und dann erst die Schlösser! Einige sind von einer solchen Anmut und Schönheit, daß sie sogar im Fernsehen in Endlosserien und Soap-Operas Karriere gemacht haben, wie etwa das Seeschloß Orth bei Gmunden im Traunsee als „Schloßhotel". Andere Schlösser sind in die Kunstgeschichte eingetreten und haben als Motive bei berühmten Malern zusätzliche Berühmtheit erlangt. Das gilt ganz besonders für das schon erwähnte Schloß Kammer am Attersee – einschließlich der Bäume, die die Zufahrt zum Schloß säumen, die Gustav Klimt, der wie Gustav Mahler oft am Attersee weilte, unvergänglich verewigt hat. Die Baumärzte und Bauwerksrestauratoren orientierten sich bei den fällig gewordenen Ausbesserungsarbeiten buchstäblich *rücksichtsvoll* an Klimts Bildern ... Eines der kleineren Schlösser ist das Schloß Zwickledt

Gmunden, Schloss Orth, Blick vom Uhrturm über das Dach auf den Traunsee
Gmunden, Orth Castle, view from the clock tower to the Traunsee

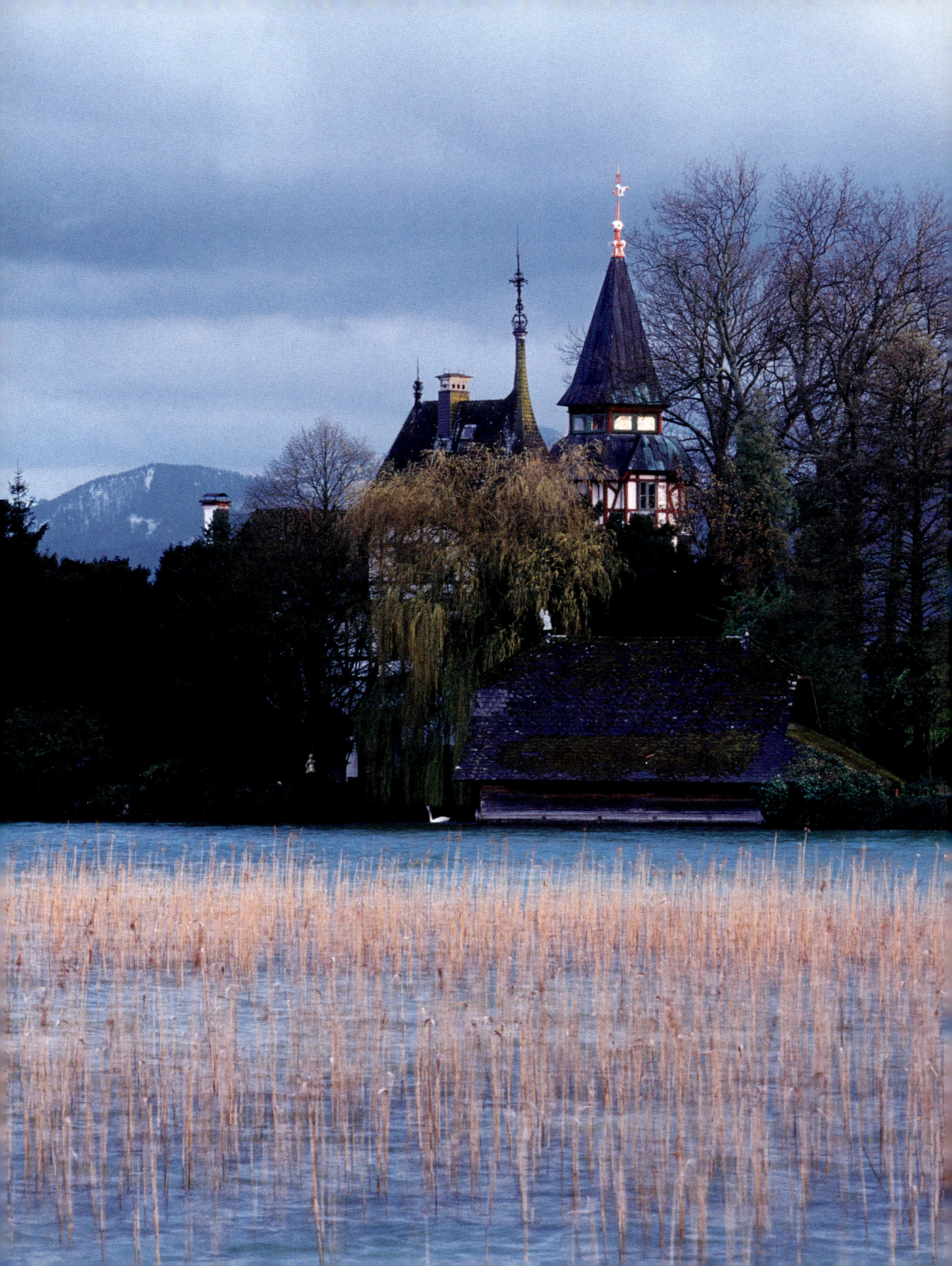

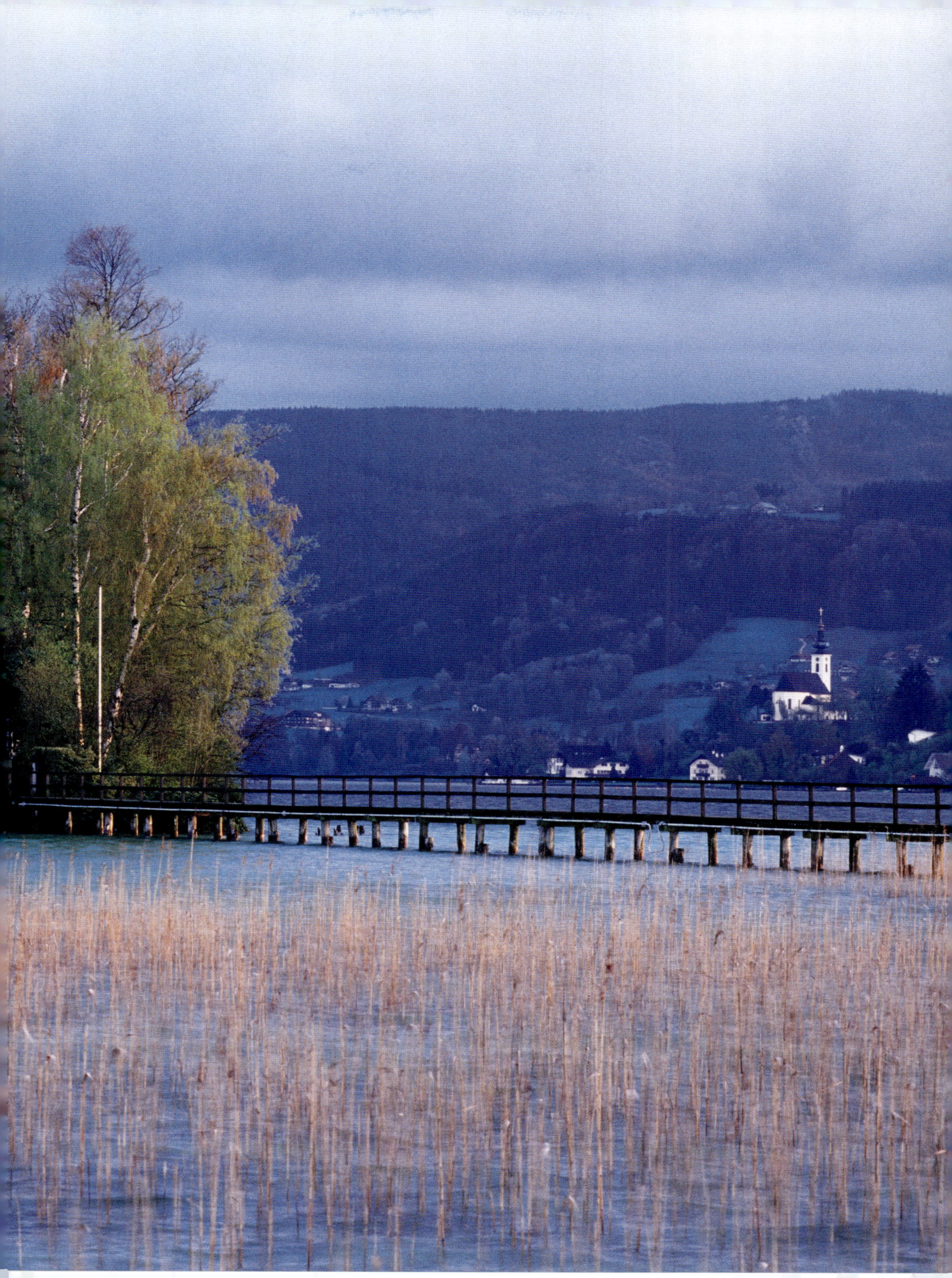

Freistadt, Schloss, Mühlviertel
Freistadt, castle, Mühlviertel

Im Schloß Kremsegg kann man Oldtimer besichtigen. Des Aufzählens wäre kein Ende. Zwei ganz besondere Schlösser müssen aber zum Schluß aus meiner Sicht noch erwähnt werden. Das ist einmal das Schloß Aistersheim, ein mächtiger adeliger Vierkanter mit vier wuchtigen Rundtürmen an den Ecken, einem Wassergraben rundherum und zwei Brücken auf den gegenüberliegenden Ein- und Ausgängen. Es gibt kaum einen Schloßführer, in dem nicht stünde, bei Aistersheim handle es sich um das schönste Wasserschloß Österreichs, ähnlich wie man immer liest, Schloß Porcia in Spittal an der Drau sei das schönste Renaissance-Schloß nördlich der Alpen. Über „extrinsische" Urteile dieser Art (Geschmacksurteile) kann man natürlich nicht streiten, mir scheinen sie aber nach vielen Besuchen in Spittal und Aistersheim durchaus plausibel ... Das andere Schloß bei meinem Geburtsort Pichl bei Wels ist – von Schloß Etzelsdorf, das nun nach den Forschungen von Martin Kranzl-Greinecker als NS-Kinderheim traurige Berühmtheit erlangte, abgesehen – Schloß Parz bei Grieskirchen, das Landschloß, an dessen Außenwand das größte Renaissance-Fresko Österreichs mit einer antirömischen Botschaft (?) entdeckt und bruchstückhaft freigelegt wurde, und das Wasserschloß, in dem ein vom verstorbenen Maler Hans Hoffmann-Ybbs gegründetes Künstler- und Ausstellungszentrum eine Heimat fand.

Schloss Höselberg bei Gmunden
(ehemaliges Refugium der Familie des Wiener
Komponisten Erich Wolfgang Korngold)
Höselberg Castle near Gmunden; the castle is the
former hideaway of Erich Wolfgang Korngold's
(Viennese composer) family.

REICHES LAND

Von (fast) allem, was das Land ernährt

Nach so vielen Burgen und Schlössern, Kirchen und Stiften, Kunst und Kultur stellt sich nun wirklich die Frage: Wer soll das alles bezahlen? Oder anders ausgedrückt: Wie muß ein Land wirtschaftlich organisiert, strukturiert und fundiert sein, um dies alles leisten oder sich den Luxus solcher Schönheit leisten zu können? Wer finanziert und sponsert etwa auch die Sportvereine, den Fußball, der sich in Oberösterreich immerhin mit zwei Vereinen in der höchsten Liga abspielt (LASK und Josko Ried)? Wie also steht es mit der materiellen, ökonomischen Basis Oberösterreichs?

Da wäre vielleicht mit der Ökonomie im engeren Sinn, den Bauern und der Lebensmittel- und Agrarindustrie, zu beginnen. Überall hört oder liest man, Oberösterreich habe sich von einem Agrarland zu einem Industrieland entwickelt. Die Landwirtschaft schrumpft, sie verliert immer mehr Anbaufläche durch Verbauung und Urbanisierung, sie produziert freilich auf dem kleiner werdenden Nutzgrund immer noch weitaus mehr Güter als früher. Gott und dem Linzer „Stickstoffwerk", wie es früher hieß und das einer der größten Kunstdüngerproduzenten geworden ist, sei Dank … Der neue Segen hat einen Namen: Kalkammonsalpeter. Oder auch Nitramoncal und wie die „guten Gifte" alle heißen. Aus dem „Stickstoffwerk" wurde die „Chemie Linz AG". Heute heißt es: Agrolinz Melamine International GmbH, kurz AMI. Die Landwirtschaft produziert bekanntlich Überschuß. Es geht offenbar nicht mehr ohne Stillegungsprämien und Kontingentierungen, soll der Butterberg nicht hoch wie der Traunstein oder der Dachstein werden. Und die Landwirtschaft erbringt ihre Leistungen mit immer weniger Beschäftigten, wenn auch mit immer mehr Maschineneinsatz und höherem Energieverbrauch. Die Traktoren haben einen enormen Dieseldurst, nur die paar wenigen sogenannten Freizeitpferde, etwa im „Pferdedorf" Ampflwang am Hausruck, fressen noch Hafer. („Roß gegen Traktor" heißt es beim expressionistischen Dichter Richard Billinger, 1890–1965). Die Erzeugung von „Biosprit" aus „Energiepflanzen" eröffnet neue Chancen für die Bauern des Landes – und sorgt für eine Verlangsamung des Klimawandels.

Die Zahl der mit Landwirtschaft befaßten Personen wird in Oberösterreich wie auch in Niederösterreich auf unter zehn Prozent geschätzt. Auf dieses Niveau ist die Zahl der „Agrarier" im weiteren Sinne (Haupt- und Nebenerwerbsbauern) von zwei Dritteln der Bevölkerung vor der Industriellen Revolution und einem Drittel der Gesamtbevölkerung noch zwischen den beiden Weltkriegen nach 1950 herabgesunken. Die Talsohle dürfte aber erreicht sein, weil die im Wachsen begriffene Biolandwirtschaft, deren Produkte vermehrt von ernährungsbewußten Konsumenten und tierliebenden Menschen (denen die Batteriehaltung von Tieren ein tierquälerischer Greuel und Frevel ist) nachgefragt werden, auch ein Ansteigen des händisch zu Verrichtenden mit sich bringt. Die industrielle Landwirtschaft kennt ja eigentlich keine Bauern mehr, sondern bloß Unternehmer. Nach einer Mikrozensuserhebung aus dem Jahr 1993 waren, um nach den ungefähren Angaben von vorhin einige verläßliche Zahlen nachzuliefern, von den insgesamt 654.700 berufstätigen Oberösterreichern 46.900 in der Landwirtschaft beschäftigt. 1971 waren es noch 92.189 gewesen! Und der Trend setzt sich fort. Industrie und Gewerbe haben 1993 dagegen 213.000 Menschen beschäftigt (die Industrie allein nach den vom Industriellenverband im Internet für 2006 bekanntgegebenen Zahlen 103.500, was Oberösterreich als das industrialisierteste österreichische Bundesland ausweist), der Handel immerhin 91.300. Und eine fast ebensolche Zahl wie die Landwirtschaft haben das Geld- und Kreditwesen sowie das Versicherungswesen ernährt. Freilich wird man in Rechnung stellen müssen, daß die

Innviertel: Bauer beim Heumandl-Machen
Innviertel: a farmer drying hay

Mechanisierung der Landwirtschaft in anderen Sektoren Arbeitsplätze bringt. So ist in Oberösterreich die Landmaschinenindustrie ein starker Wirtschaftszweig. Man denke etwa an die Alois Pöttinger Maschinenfabrik in Grieskirchen, wo unter anderem Ladewägen erzeugt werden, vor allem auch an jene Kunststoffsilos, die allenthalben neben den großen Vierkant- oder Vierseithöfen im Land zu sehen sind und im Welser Raum von einer Nachfolgefirma von Epple-Buxbaum (Küppersbusch) hergestellt werden. Sogar Thomas Bernhard sind sie (unangenehm) aufgefallen (auf einer Bahnfahrt von Wien nach Zitzers). Aus den Welser Reformwerken (Reform-Werke Bauer & Co Ges.m.b.H.) kommt jener Balkenmäher, dem es zu verdanken ist, daß viele „Leiten", abschüssige Wiesen und problematisches Gelände im Alpen- und Alpenvorland, gemäht und bearbeitet werden können, die sonst brachliegen und verwildern müßten. Jahrelang hat er mir in den „Gstätten" um mein Pichler Haus gute Dienste geleistet.

Ein Geschäft mit der Landwirtschaft machen auch die oberösterreichischen Seilereien, von denen es eigentlich nur noch drei und eine der bedeutendsten in Wels gibt. Sisal-Hanfbindegarn hießen jene Schnüre, mit denen wir oder dann der Mähbinder so vieles und nicht nur die Garben zusammengebunden und verschnürt haben. Mein verstorbener Schulfreund Georg Teufelberger und sein Bruder Michael (heute Teufelberger Holding AG mit rund sechshundert Mitarbeitern) haben sie wie so manche andere Produkte, etwa Bergsteigerseile, erzeugt. Ich erinnere mich an einen Vortragsabend Hermann Buhls, des Nanga-Parbat-Bezwingers, Mitte der 1950er Jahre in Wels, den die Firma Teufelberger, Ausstatterin der Buhl-Expeditionen, ermöglicht hat. Und von Teufelberger-Drahtseilen haben wir uns bei unseren Skikursen auf der Felser Alm auf die Berge ziehen lassen. Von erstaunlicher Expansion lese ich in meiner Lokalzeitung, der *Welser Rundschau*, und guten Geschäften in Dubai und anderen Weltteilen.

St. Valentin (NÖ),
Steyr-Traktoren-Produktion
St. Valentin (Lower Austria),
production of Steyr-tractors

Die Zeiten, da in Wels Mähdrescher hergestellt wurden, sind freilich lange vorbei. Mein Schulfreund Otto Edlinger, einmal wie sein Vater Direktor der Mähdrescherfabrik, betreibt heute in Linz auf der Landstraße die exquisit sortierte Buchhandlung Korb. Dort kann man die grundlegenden Werke über die oberösterreichische Wirtschaftsgeschichte von Prof. Roman Sandgruber, Vorstand des Institutes für Sozial- und Wirtschaftsgeschichte an der Johannes Kepler Universität Linz, vor allem auch den Band *Ökonomie und Politik: Österreichische Wirtschaftsgeschichte vom Mittelalter bis zur Gegenwart* aus der Reihe *Österreichische Geschichte* kaufen. In einem Zeitungsartikel vom 28. Juli 2007 in den *Oberösterreichischen Nachrichten*, der führenden Tageszeitung des Landes, las ich von Sandgruber zu meinem Thema: „Der Steyrer Traktor, ein Symbol der österreichischen Nachkriegszeit, feiert Geburtstag. Vor nunmehr 60 Jahren wurde mit den ersten Traktoren aus Steyr die Mechanisierung und Industrialisierung der österreichischen Landwirtschaft eingeleitet." Ich selbst habe meine Erlebnisse mit dem Steyrer Traktor (wir hatten einen sogenannten 15-PS-"Hackfruchter", den „grünen Frosch" mit den hohen Rädern – korrekte

Vierkanthof bei Steyr
Typical rectangular farm near Steyr

Folgende Doppelseite: Innviertel, Bauer und Walnüsse,
die zum Trocknen in die Sonne gestellt sind.
Following pages: Innviertel, a farmer
and a box full of walnuts, getting dried in the sun.

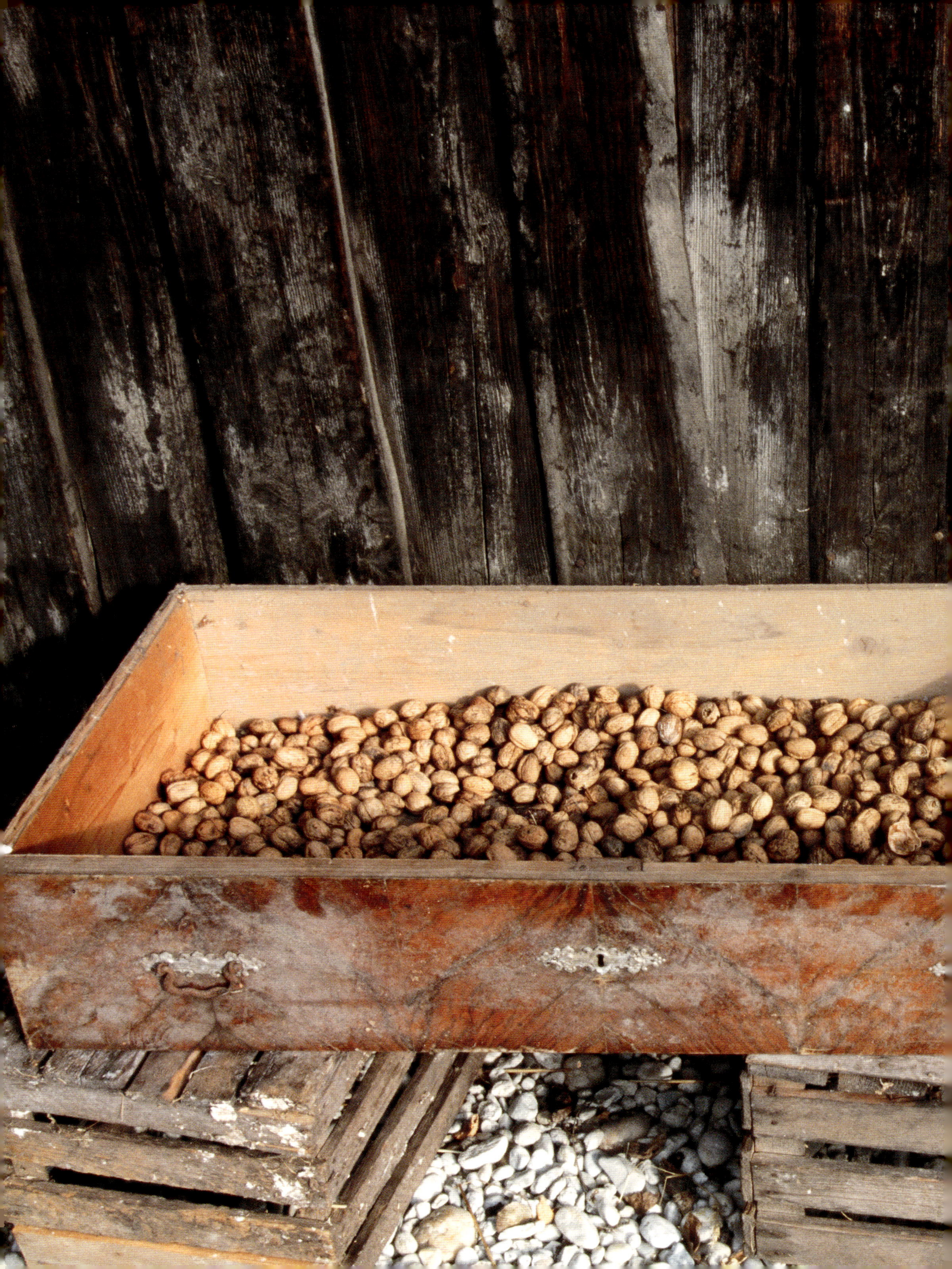

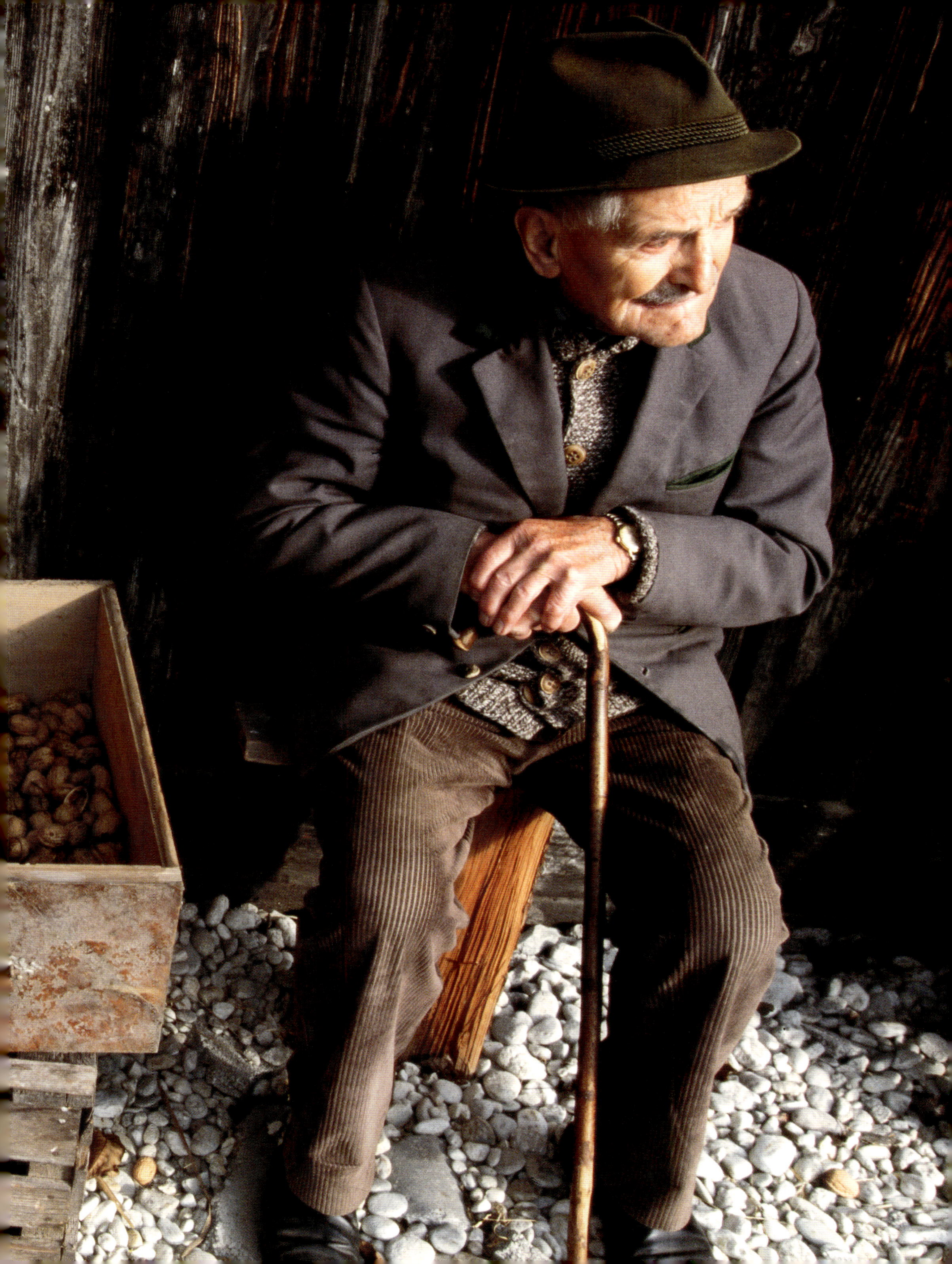

88

Ein Bauer in Ampflwang, Innviertel
A farmer at Ampflwang, Innviertel

Ein Bauer beim Säen, Innviertel
A sowing farmer, Innviertel

Mostobst klauben, Innviertel
Collecting apples for he traditional cidre, Innviertel

Typenbezeichnung: Steyr 80 A) in dem Essay *Tractatus de tractore* beschrieben, woraus Sandgruber zu meiner Genugtuung auch zitiert. Aus Schwertern werden Pflugscharen, heißt es bekanntlich in der Bibel, und der Wolf wird friedlich beim Lamme ruhen... Noch werden in Steyr freilich nicht nur Traktoren, sondern auch Waffen und Militärgerät produziert, gefährlich gute Gewehre, und der „Haflinger", was zwar nach Pferd klingt, aber ein geländegängiges Auto, einen „Jeep auf Österreichisch", meint. Vor allem aber produziert Steyr in einem Werk des bayrischen Automobilherstellers BMW Autos oder Teile derselben. Die BMW Group Österreich ist mit mehr als 2700 Mitarbeitern und 2.603,000.000 Euro Umsatz Oberösterreichs drittgrößtes Unternehmen (Quelle: *Journal der Oberösterreichischen Nachrichten* vom November 2007).

Nicht nur die Landmaschinenindustrie aber arbeitet für die Landwirtschaft, agrarisch definieren sich auch die Molkereien, die freilich auch einen radikalen Konzentrationsprozeß durchgeführt oder erlitten haben. Früher gab es viele kleinere Molkereien, etwa auch eine in Grieskirchen, heute liest man allenthalben auf Milchflaschen oder Joghurtbechern nur noch „Schärdinger".

Zipf, Bierbrauerei bei Zipfer Bier; Sudkessel aus Kupfer im Sudhaus
Zipf, the Zipfer Bier (beer) brewery; copper vat in the brewery

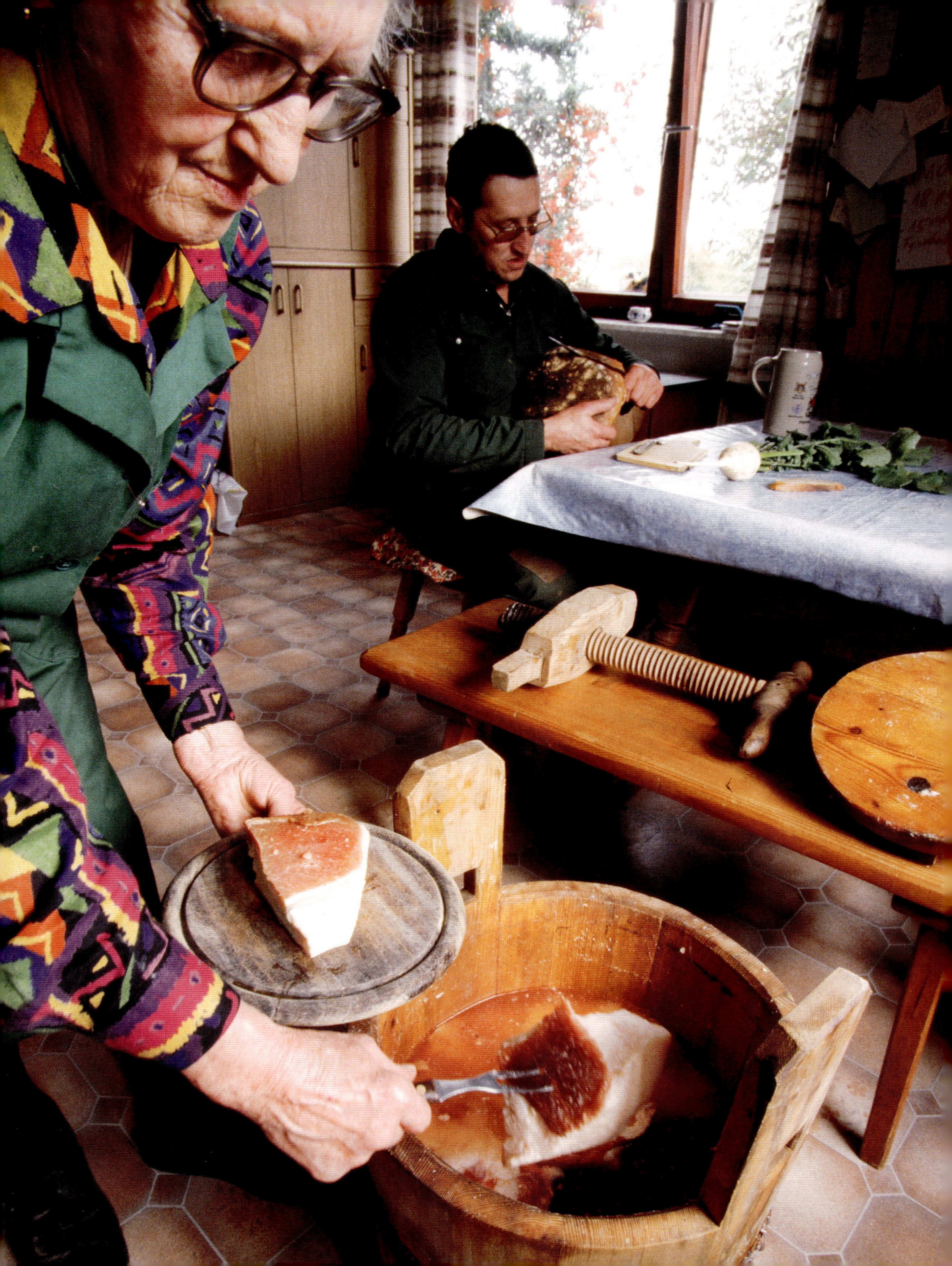

Gänse füttern im Hausruckviertel
Feeding geese, Hausruckviertel

Von Hopfen und Malz, vom Mehl und vom Salz

Ähnlich wie den Molkereien ging es offenbar auch den Brauereien, von denen schon viele verschwunden sind, für die sich der fromme Wunsch „Hopfen und Malz, Gott erhalt's!" leider nicht erfüllt hat. In der sogenannten Brau-AG, einem branchenspezifischen Zusammenschluß, geben die Oberösterreicher mit der Marke „Zipfer Bier" (Redl-Zipf) den Ton an. Sie haben gewissermaßen sogar die großen steirischen Traditionsmarken, zum Leidwesen der Steirer und von vielen fast als Kränkung empfunden, überflügelt. Die Brau Union Österreich AG erzielt mit rund 2200 Mitarbeitern einen Jahresumsatz von 472,000.000 Euro. Prosit! Noch gibt es das Eggenberger, das Schlägler und das Grieskirchner Bier und in Grieskirchen neben einer der letzten großen oberösterreichischen Mühlen des Innungsmeisters Haberfellner sogar eine Mälzerei. Wo aber sind die vielen kleinen Brauereien geblieben? Ich erinnere mich an manches Gespräch mit dem verstorbenen Dichter H. C. Artmann, der ein besonderes Verhältnis zu Oberösterreich hatte, namentlich zum Kobernaußerwald, wo wir uns gegenseitig im Nennen und Preisen von oberösterreichischen Exoten auf dem Brauereimarkt überboten. Über den grünen Klee oder über den grünen Hopfen lobte Artmann etwa das Riekerdinger Bier, ich aber als Liebhaber des Weizenbieres sang ein Loblied auf das Schneitl…

Noch radikaler, wenn das überhaupt möglich ist, hat sich das Müllereiwesen verändert. Durch das Müllereigesetz von 1964, das den Status quo am Mühlenmarkt mit der Zuschreibung und Garantie von Kontingenten festmachen sollte, aber auch den Verkauf von Kontingenten vorsah, hat sich das schon damals grassierende „Mühlensterben" zur Epidemie ausgewachsen. Im *Österreich Lexikon* aus dem Jahr 1990 steht, daß von den rund eintausend Betrieben in Österreich 280 überlebten. Und inzwischen gilt: Es war einmal …

Innviertler Kübelspeck zur Jause
Innviertel, a special kind of bacon

Folgende Doppelseite: Hallstätter See
Following pages: Hallstätter See

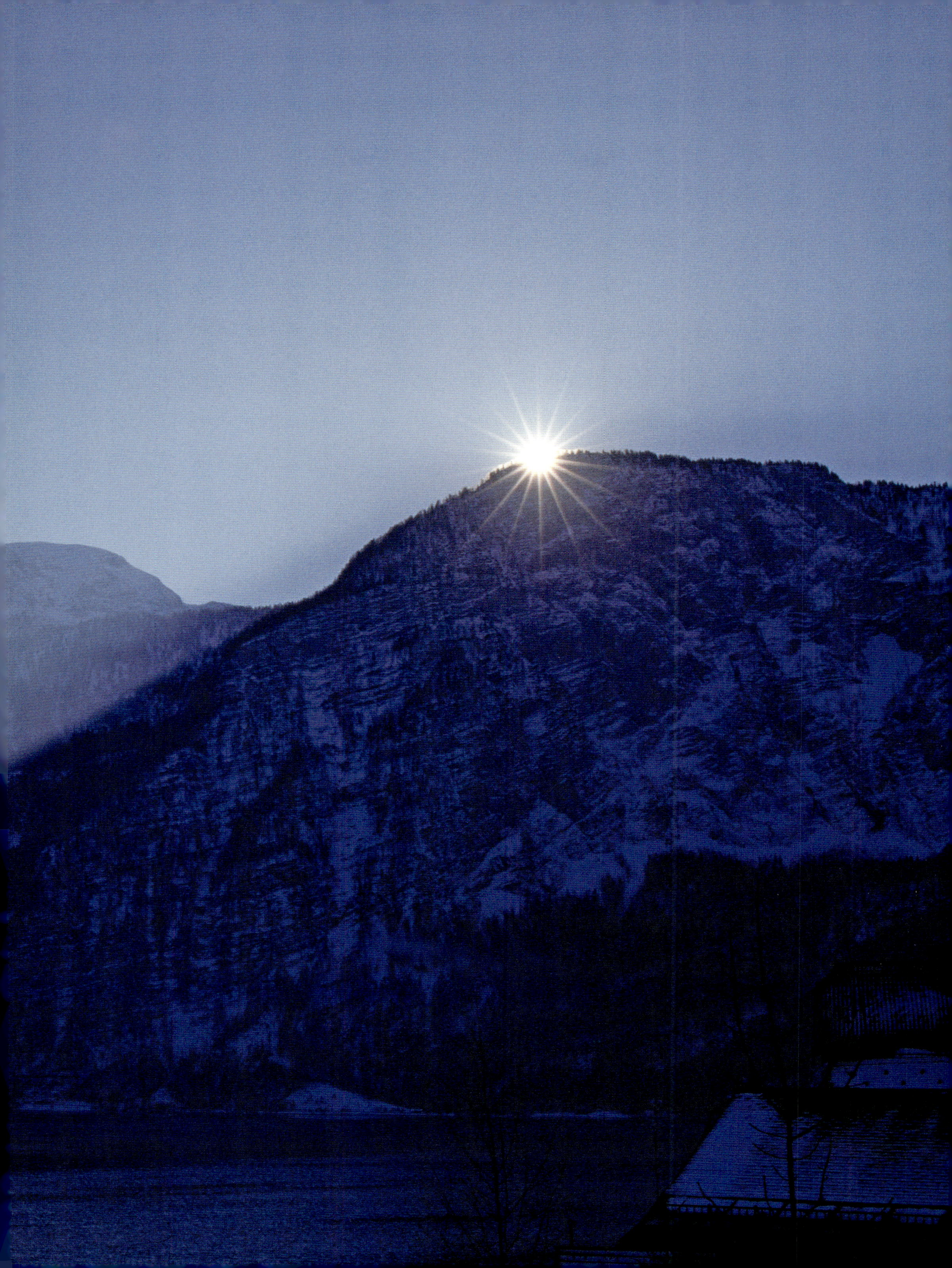

Denn mittlerweile sind nicht nur kleine und mittlere Bauern- und Handelsmühlen unter die Mühlräder gekommen. Es ist unvorstellbar, welch klingende Namen von „Kunstmühlen" und Industriemühlen inzwischen verklungen sind, etwa Fritsch in Wels, auch der Stern Marchtrenks, die riesige *Sternmühle* ist erloschen. „Nacht der offenen Mühlen" heißt heute eine Initiative der Oberösterreichischen Wirtschaftskammer – viele Müller sind es nicht, die noch offenhalten können und Besucher begrüßen dürfen. Das Mühlviertel, der „Mühlkreis" mit der Großen und der Kleinen Mühl, ist längst kein Mühlenviertel mehr!

Auch die Lagerhäuser der Oberösterreichischen Lagerhausgenossenschaft im Land sind immer weniger und die wenigen immer größer geworden. Ich war ein häufiger Kunde im Pichler Lagerhaus, bis es seine Tore geschlossen hat. Dann fuhr ich nach Kematen am Innbach ins Lagerhaus – bis es seine Pforten geschlossen hat. Hab ich zuwenig konsumiert? Am Schluß fuhr ich nach Gunskirchen oder Grieskirchen. Konzentration! Schließlich verkaufte ich mein oberösterreichisches Anwesen und konzentrierte mich auf meinen Erstwohnsitz Klagenfurt.

Ein letztes Beispiel für Konzentration: Ein nicht unbeträchtlicher Teil des Ackerlandes wird in Oberösterreich mit Zuckerrüben bepflanzt. Ich erinnere mich, wie in Pichl zur Zeit der Kampagne der Berg Zuckerrüben neben der Brückenwaage des Lagerhauses wuchs und wuchs, bis die Rüben auf Lastwägen geladen und nach Enns abtransportiert wurden. Enns war für uns das Synonym für Zuckerfabrik. Und es schien uns schier unglaublich, als wir hörten, daß auch diese oberösterreichische Institution der Rationalisierung zum Opfer fallen sollte und nach dem Ratschluß der AGRANA Beteiligungs AG, dem einzigen österreichischen Zucker- und Stärkeunternehmen, die Rüben nun die Reise zu

Mostpressen im Hausruckviertel
Squeezing apples for the traditional cidre, Hausruckviertel

Sommervergnügen mit der Großmutter
Summer pleasure with the grandmother

einer noch größeren zentralen Fabrik in Niederösterreich, nach Tulln oder Leopoldsdorf, antreten sollten. Wenigstens die Stärkefabrik ist im oberösterreichischen Aschach verblieben.

Und wie steht es mit dem Salz des oberösterreichischen Salzkammergutes? Gleich zwei Ortschaften in Oberösterreich führen das alte Wort für das Salz, nämlich Hall, im Namen: Hallstatt und Bad Hall. Um Bad Ischl, das selbst als bedeutendstes österreichisches „Solebad" (27 Prozent Kochsalz) gilt, spielt die Salzgewinnung und die Erzeugung von aus Sole gewonnenen Derivatprodukten (Beiz- und Imprägniermittel der Solvay AG.) eine große Rolle. Die Salinen Austria AG mit Sitz in Bad Ischl beschäftigt knapp vierhundert Mitarbeiter und erzielt einen Umsatz von 85,000.000 Euro. Den, der dort das Sagen hat, nennen sie gern ganz feudal „Salzbaron", obwohl er ein gestandener Sozialdemokrat ist… Die Salzgewinnung galt bis zur Zeit Josefs II. überhaupt als ein „Regal", also Königsrecht, und das Salzkammergut war eben ein „Kammergut", also dem Haus Österreich besonders (auch fiskalisch) verbunden, ein „Staat im Staat". Der Ausdruck dieser „exemten" Stellung ist etwa die Kaiservilla in Ischl, ein Castel Gandolfo des Imperators. Und mit Kaiser Franz Joseph kamen viele andere Aristokraten und Künstler nach Ischl. Um Ischl und im ganzen Salzkammergut, das zu 72 Prozent oberösterreichisch ist (den Rest teilen sich Salzburg und die Steiermark), fanden auch die berühmten Jagden statt. Über die Zahl der Abschüsse des Kaisers wird gestritten, aber es dürften schon einige tausend Hirsche und Rehe gewesen sein, die ihm Treiber aufgetrieben und zugetrieben haben, die daran glauben mußten und die er zur Strecke brachte, wie es in der Jägersprache heißt. Ich habe mir über die Jagdleidenschaft des Kaisers in einem Roman *Die Abtei* einige ironische Anmerkungen erlaubt. Daraufhin bekam ich vom verstorbenen Industriellen Manfred Mautner Markhof sen. einen längeren Brief (27. Jänner 1978), in dem er mich einerseits für das Buch lobt, aber gerade über diesen Punkt auch sein Mißfallen äußert: „Historisch völlig falsch ist es, daß Kaiser Franz Joseph dem Bestand des Wildes geschadet hat. Wahr ist vielmehr, daß die kaiserlichen Reviere, dabei insbesondere die in der Umgebung von Ischl, bestens gehegt und gepflegt wurden, was dazu beitrug, daß diese heute noch zu den besten Österreichs zählen…"

Vielfach verwoben und „vernetzt" sind natürlich auch Landwirtschaft und Tourismus. Nicht wenige Bauern sind über die Schiene „Urlaub am Bauernhof" zu Beherbergungsunternehmern und, gar nicht zur Freude der „professionellen" Gastwirte und Hoteliers, zu Wirten und Betreibern von Ausflugsgaststätten geworden. Die sogenannten „Mostheurigen" sind in Oberösterreich besonders beliebt. Dort wurden der ursprünglichen Idee nach nur Produkte aus eigener Erzeugung der „Selbstvermarkter" („Brettljause" mit Geselchtem, Speck oder kaltem „Schweinernen", hausgemachter harter Wurst und Erdäpfelkäse) und eben Most, also der landesübliche vergorene „Apfelwein", aber auch Süßmost und selbstgebrannter Schnaps aufgetischt und eingeschenkt. Bei vielen „Mostheurigen" sind aber im Sinne einer Erweiterung der Konzession jetzt auch schon Wein und Bier im Angebot. Der Most wird schließlich scherzhaft gern auch als „Landessäure", die Oberösterreicher aber als „Mostschädel" bezeichnet. Das Redaktionsoriginal einer Tageszeitung, das bekannt ist für seine Sager, die das „gesunde Volksempfinden" ausdrücken, heißt „Vitus Mostdipf"…

Hallstatt, Salinen Austria Hallstatt, Salinen Austria

Hallstatt und Hallstätter See vom Soleweg aus gesehen
Hallstatt and Hallstätter See seen from the Soleweg

Vom Jagen und Fischen

Die Rolle der Landwirtschaft ist für den Tourismus auch als „Landschaftspflege" und die der Bauern als „Landschaftsgärtner" von immer größerer Bedeutung geworden, womit man auch bei der „Umwegrentabilität" und der Abgeltung von indirekten Leistungen und Diensten für die Landwirte landet. Was wird aus Wiesen, die nicht gemäht, oder Almen, die nicht bewirtschaftet, Hutungen, auf denen nicht gehütet, oder Wäldern, die nicht durchforstet werden? Fast vierzig Prozent der Landes-, das heißt Wirtschaftsfläche sind Wald, 27 Prozent Ackerland, 23 Prozent Wiesen. Diese Zahlen gelten für das Jahr 1990 und sind dem erwähnten *Österreich Lexikon* entnommen. Der Wald gilt in Österreich als „offen", es darf ihn also nicht nur der Besitzer, sondern auch der erholungssuchende Städter betreten, die Güterwege sind auch Wanderwege. Und an der Jagd, die in einem so waldreichen Land natürlich eine besondere Rolle spielt, darf sich (theoretisch) auch jeder beteiligen, sofern er die Jagdprüfung abgelegt hat und einer Jagdgenossenschaft angehört, eine „Eigenjagd" besitzt, wie einige reiche Adelige, darunter etwa der Prinz von Hannover, der in Grünau im Almtal eine solche sein eigen nennt, oder wenn er „Konsorte" einer Pachtgemeinschaft ist oder von einem solchen, einem Konsortiumsmitglied, als „Ausgeher" in sein Revier oder zu einer herbstlichen Treibjagd eingeladen wird. Bekanntlich war im Mittelalter das Jagdrecht ausschließlich dem Adel vorbehalten, die Bauern hatten damals vom Wild nichts, außer dem Verbiß. Natürlich spielte das sogenannte Wildern immer schon eine gewisse Rolle. Die Grundherrschaft konnte ihre Augen nicht überall haben. Beliebt wie das Wildern sind heute noch die Wildererlieder, die auch von Jägern zu fortgeschrittener Stunde bei Jagdabenden gern gesungen

Ibmer Moor, Innviertel   Ibmer Moor, Innviertel

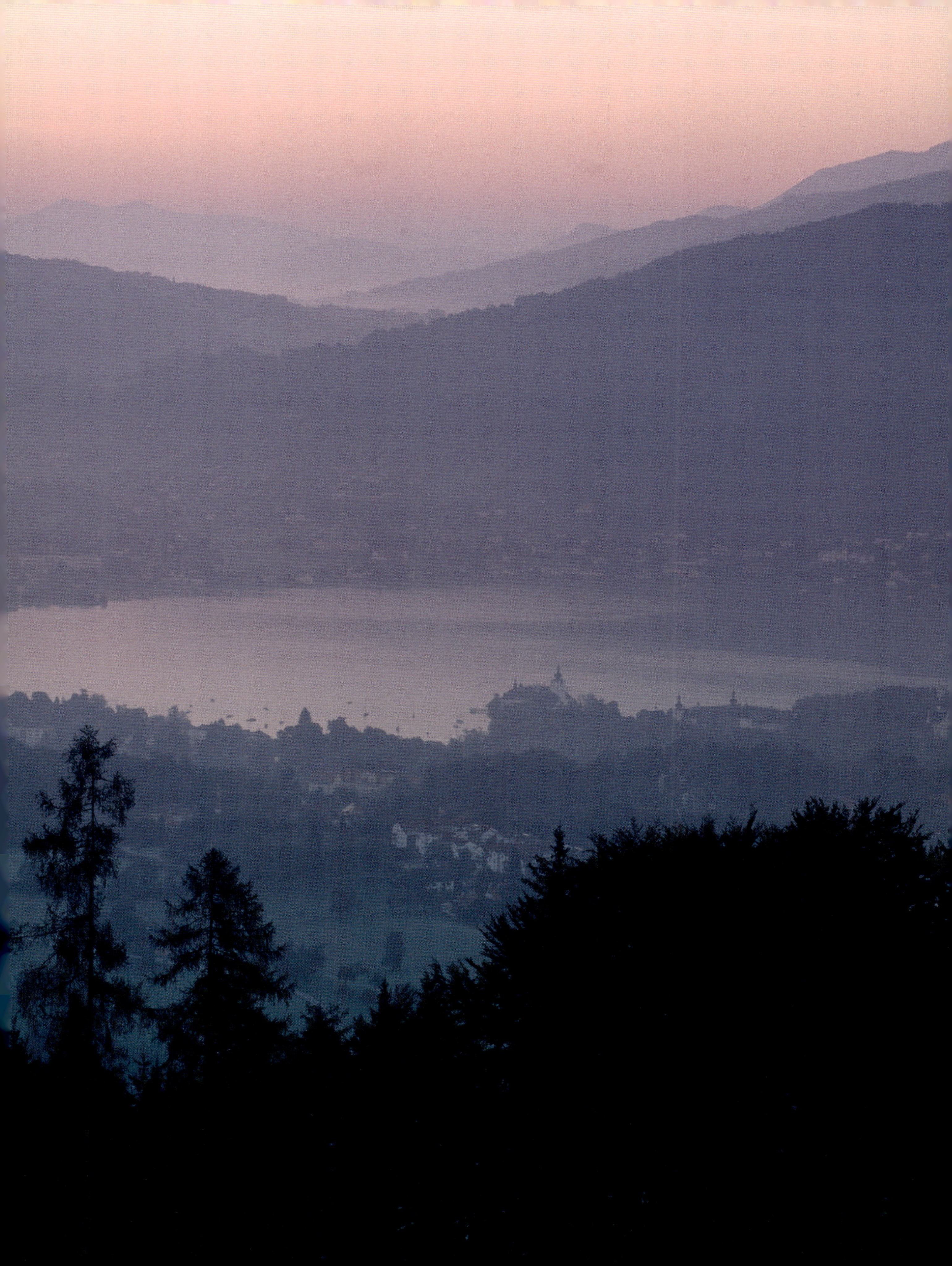

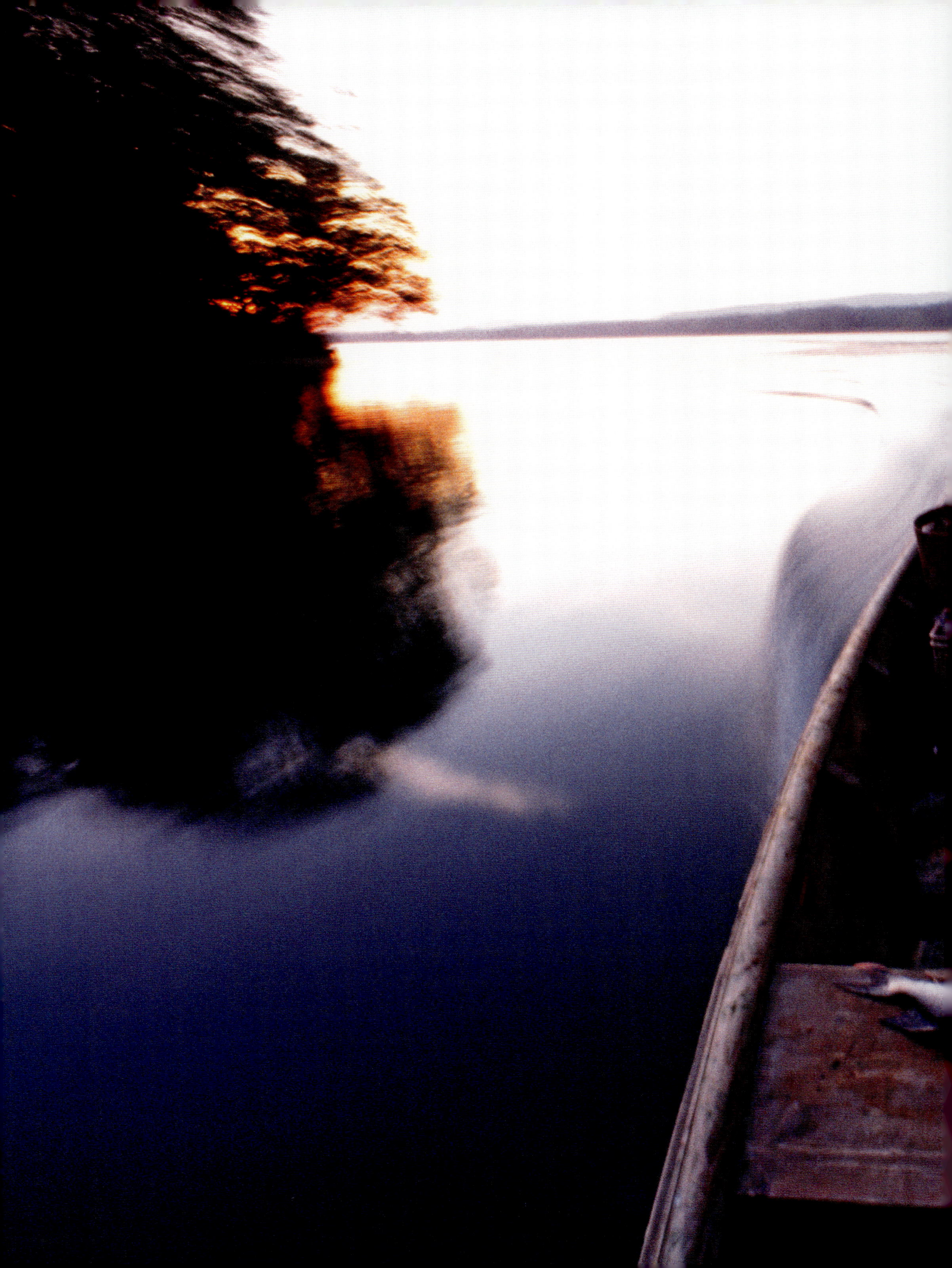

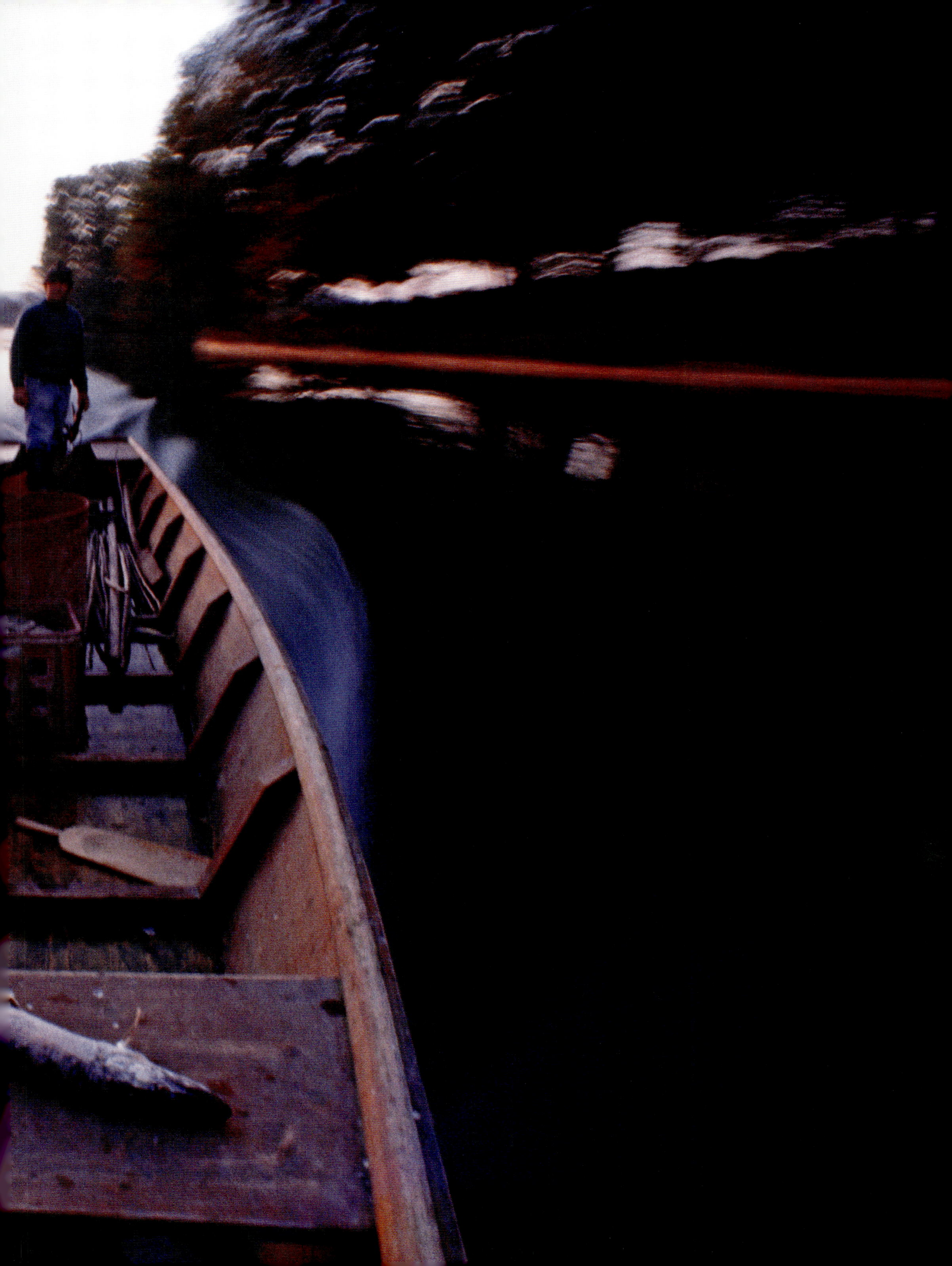

werden. Oberösterreich besitzt durch einen besonderen Kenner dieser und anderer illegaler Szenen (wie etwa auch des „Hurenwesens" in Wien), den Soziologieprofessor Roland Girtler, in St. Pankraz im Kremstal ein Wilderer-Museum, das einzige seiner Art auf der Welt. Die schnell fließenden Bäche des Mühlviertels, die von der böhmischen Wasserscheide her der Donau zufliessen, die munteren Bäche des Traunviertels, aber auch die gemächlicher mäandrierenden Bäche des Hausruckviertels wie der Innbach oder die Trattnach sind ideale Fischwässer. Die Regenbogenforelle kann als *der* Fisch Oberösterreichs gelten. In den Stehwässern der Teiche im nördlichen Traunviertel, aber auch in den trüberen Tümpeln des Ibmer Moores und am Weilharter Forst im Innviertel warten über dem Schlamm die Karpfen auf Weihnachten. Die vielen Seen Oberösterreichs, Attersee, Traunsee, Aber- oder Wolfgangsee, Mondsee, Hallstätter See, Zeller- oder Irrsee, Almsee, Laudachsee und Gosausee, wimmeln von Fischen, von Saiblingen, Barben und Schleien, Barschen und Äschen. Hechte sorgen im Sinne Darwins für Ordnung. Unter dem Wehr meiner elterlichen Mühle am Innbach tummelten sich im sogenannten Tosbecken viele Fische, einige schnellten immer wieder aus dem Wasser und es gelang ihnen

Vorhergehende Doppelseite: Fischer mit Fang (Hecht) am Inn
Previous pages: Fisherman with his catch: a pike out of the Inn

Reiten im Ibmer Moor, Innviertel
Horseback riding in the Ibmer Moor, Innviertel

Falkner auf Burg Obernberg am Inn
Obernberg Castle near Inn, falconer

sogar, die Hürde des Wehrs zu nehmen. Heute sind bei den Flußkraftwerken ja sogar sogenannte Fischtreppen angefügt, damit die armen Kreaturen ihre Laichplätze erreichen.

Einen problematischen und sehr umstrittenen Brauch gibt es im Salzkammergut um Ebensee mit dem Fangen von Singvögeln. Freiheitsberaubung und Tierquälerei sagen die Gegner, altes ehrwürdiges Volksbrauchtum nennen es die den Brauch Pflegenden. Als verhielte es sich damit ähnlich wie mit dem Schnitzen und Aufstellen der alpenländischen Krippen zur Weihnachtszeit, die im Salzkammergut sehr verbreitet sind.

Folgende Doppelseite: Traunsee
Following pages: Traunsee

Von den Bodenschätzen und was daraus gemacht wird

Die Wirtschaft eines Landes beginnt immer bei seinen Bodenschätzen und Ressourcen, das heißt Rohstoffquellen. Und bei Bodenschätzen denkt man, wenn man historisch denkt, vor allem einmal an die Kohle, für Oberösterreich folgerichtig und folglich an die Braunkohle unter dem Hausruck, jenem mäßigen Hügel, der das Inn- vom Hausruckviertel trennt. Am Hausruck gab es einmal einen florierenden Bergbau und viele Kumpel, die das sogenannte braune oder schwarze Gold aus der Tiefe holten. Ampflwang, Wolfsegg und Kohlgrub im Hausruckviertel und Trimmelkam im Innviertel waren jene Ortschaften, die mit und von der Kohle lebten. „Im Hausruckgebiet wurde von der seit 1856 bestehenden Wolfsegg-Traunthaler AG (Förderung 1980: 435.000 Tonnen mit 1629 Bergleuten) das Bergwerk Ampflwang 1995 geschlossen" *(Österreich Lexikon)*. Die Erdöl- und Erdgas-Importe haben dem Kohlebergbau den Garaus gemacht und das Licht der Grubenlampe ausgeblasen. An Ort und Stelle in Oberösterreich gab es bei vielen Bohrungen im Land einige Treffer und Funde von Ölquellen. Neben Voitsdorf und Kemating ist es vor allem das Gebiet um Sattledt, wo die RAG Oberösterreich (Rohölgewinnungs AG) Öl pumpt. Dieses Öl sprudelt aber nicht so reichlich, daß sich eine Raffinerie in der Nähe der Förderquellen auszahlen würde. Man bringt es zur Raffinerie der ÖMV in Schwechat. Alles Öl aus Österreich zusammengenommen, vor allem jenes des Marchfelds (Zistersdorf, Matzen), ergibt aber nicht

Eisenstraße bei Molln, Wallfahrtskirche
Frauenstein (Grab H. J. Kuhlenkampff)
Eisenstraße (Iron Route) near Molln,
Frauenstein pilgrimage church (with the tomb of
the famous German show-master H. J. Kuhlenkampff)

Hallstatt, der Salz-Leckstein beinhaltet
viele wichtige Mineralstoffe für die Kuh
Hallstatt, cow with a salty licking stone
which consists of many mineral supplements

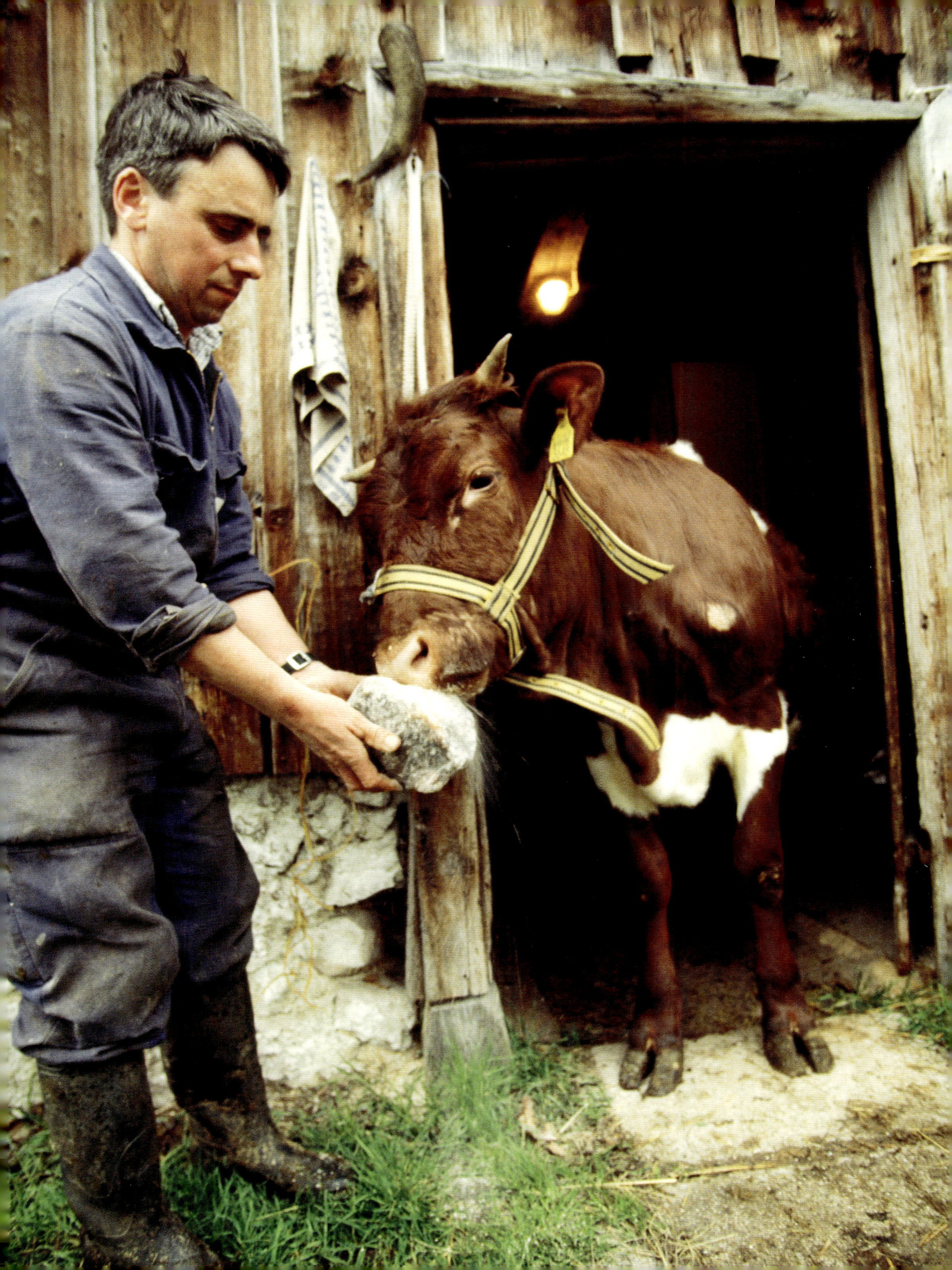

einmal zehn Prozent des Verbrauchs. Der Verbrauch und der Preis aber steigen und steigen. Gerade heute (8. November 2007) steht in den Zeitungen, daß der Dieselpreis eben einen Weltrekord aufgestellt hat. Wird vielleicht Ampflwang doch wieder reaktiviert? Nach der Landesausstellung im Jahr 2006 („Kohle und Dampf") gibt es jetzt hier ein Eisenbahn- und Bergbaumuseum, das Technikgeschichte anschaulich erlebbar macht.

Den Süden Oberösterreichs bestimmen geologisch und morphologisch die Nördlichen Kalkalpen. Kalk, aber auch Mergel und verschiedene Tonerden gibt es in den Alpen und im vorgelagerten Alpenvorland reichlich und damit, wie um Kirchdorf oder Gmunden, eine entsprechende Industrie, vor allem die Erzeugung von „Gmundner Zement". Der Zement wird heute endlich auch in Papiersäcke mit dreißig Kilogramm Gewicht verpackt, früher gab es ja nur die schweren Fünfzig-Kilo-Säcke. Das ist menschenfreundlich. Für mich kommt es aber leider zu spät, weil ich wohl keinen Malter mehr anrühren werde.

Es scheint logisch, hängt aber mit dem genialen Erfindergeist eines einzelnen, des Ludwig Hatschek (1856–1914), zusammen, daß in Vöcklabruck aus Zement und Asbest etwas gemacht wurde, was dann als Eternit mit Patenten ein weltweit vertriebenes Produkt geworden ist. Inzwischen erzeugt man, nachdem Asbest als krebserregend gilt, asbestfreies Eternit. So „segensreich" (für die Fabrikanten ganz gewiß) das Eternit, dessen Name ja von „aeternus", das heißt „ewig", abgeleitet ist, auch war und ist, stilistisch sind Oberösterreich die vielen grauen Eternitfassaden und Wandverkleidungen nicht immer bekommen. Das ist eine ewige Sach', sagten sich die Häuslbauer, die ihr Haus damit verpackten, ja, ewig vielleicht, aber nicht überall schön. Immerhin hat auch Thomas Bernhard seinen Ohlsdorfer Hof teilweise mit Eternit gedeckt.

Gmunden, Kapitän des Dampfschiffes „Gisela" der Traunseeschifffahrt Karlheinz Eder GmbH
Gmunden, the „Gisela" – here with the captain – is the oldest paddle steamer on the Traunsee

Folgende Doppelseite: Landschaft im Hausruckviertel
Following pages: Landscape in the Hausruckviertel

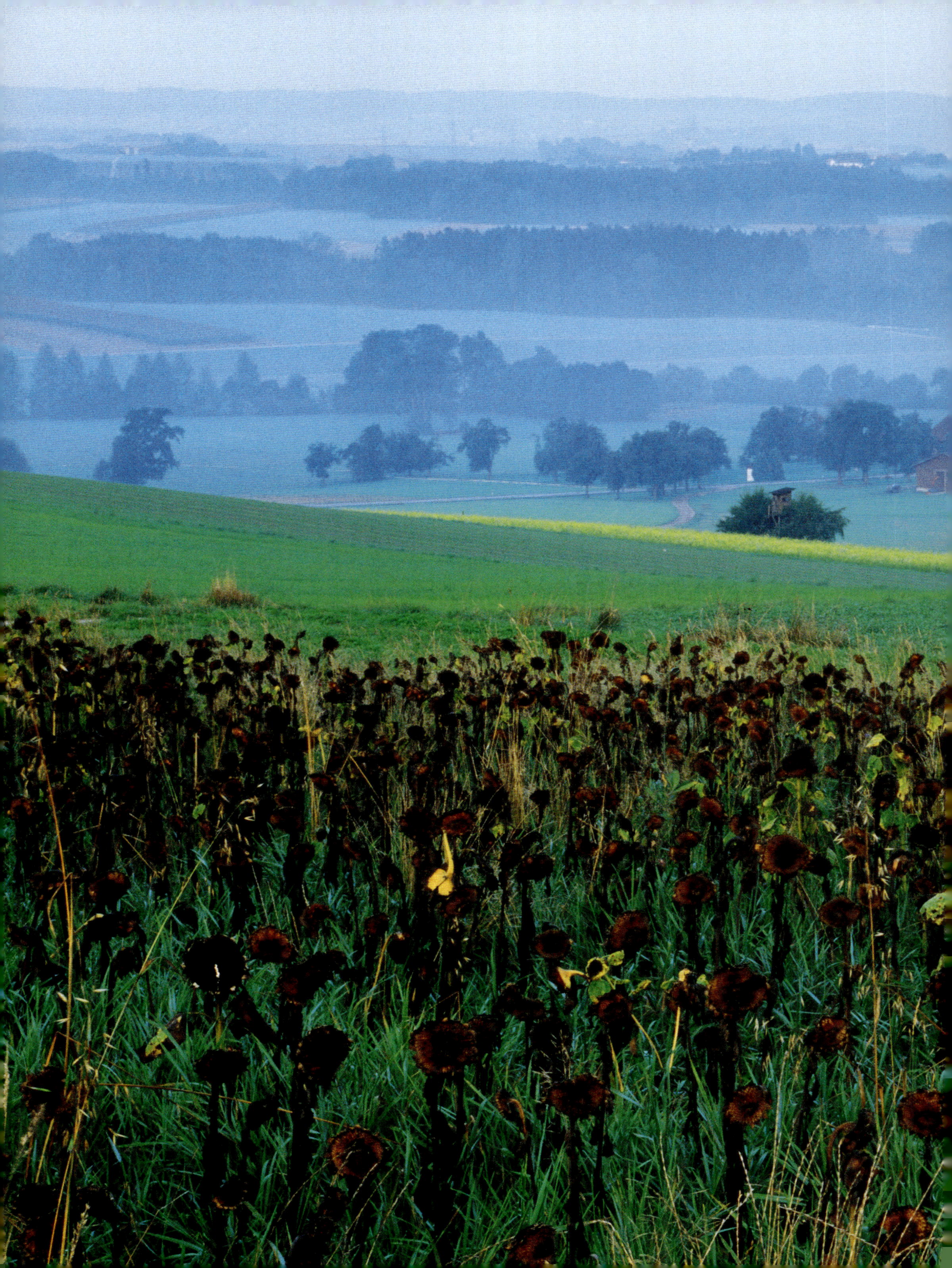

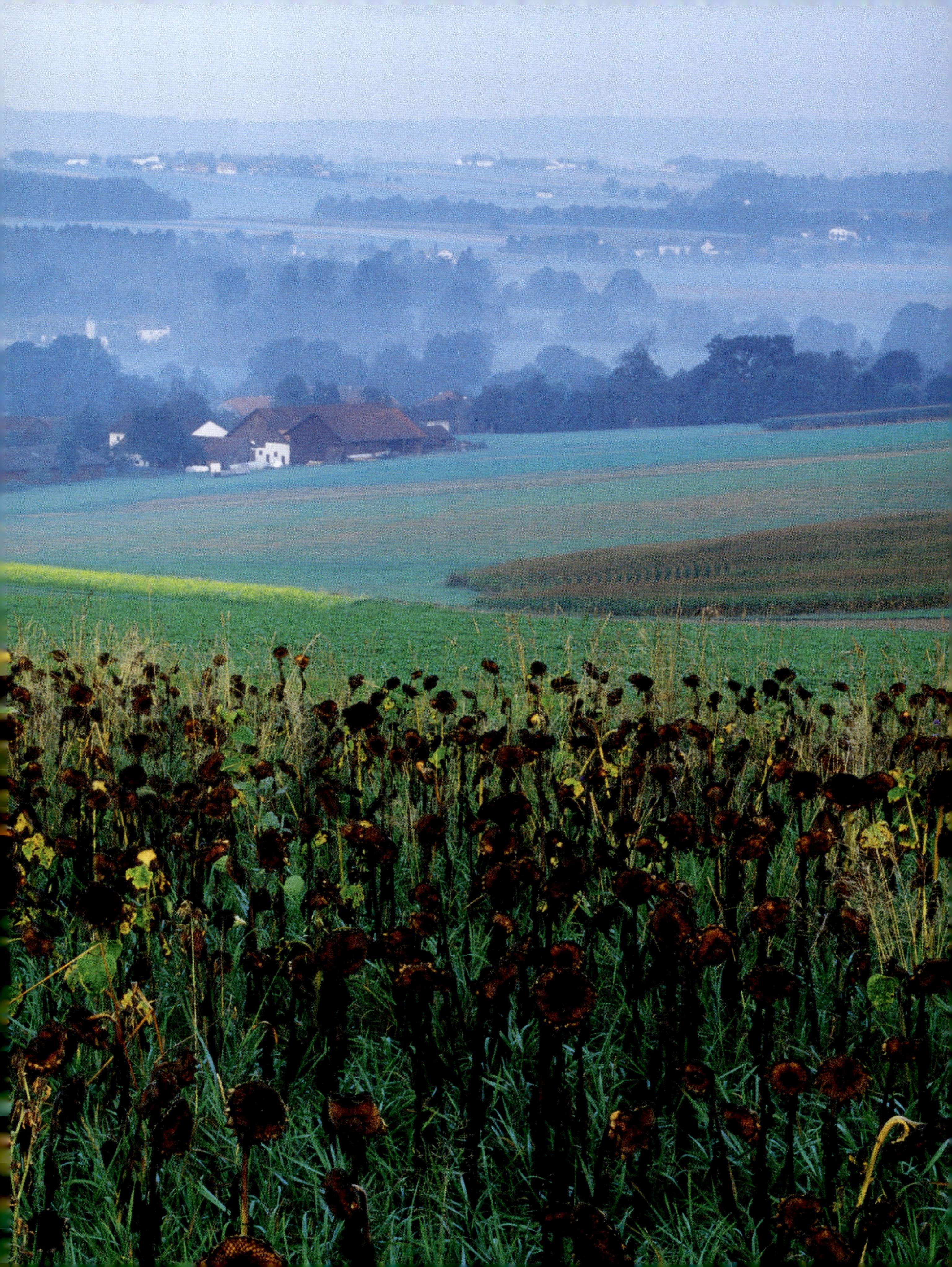

Geologen der Salinen Austria untersuchen Erdkerne (durch Probebohrungen gewonnen).
Salinen Austria's geologists analyse so-called „earth's cores" from exploratory drillings.

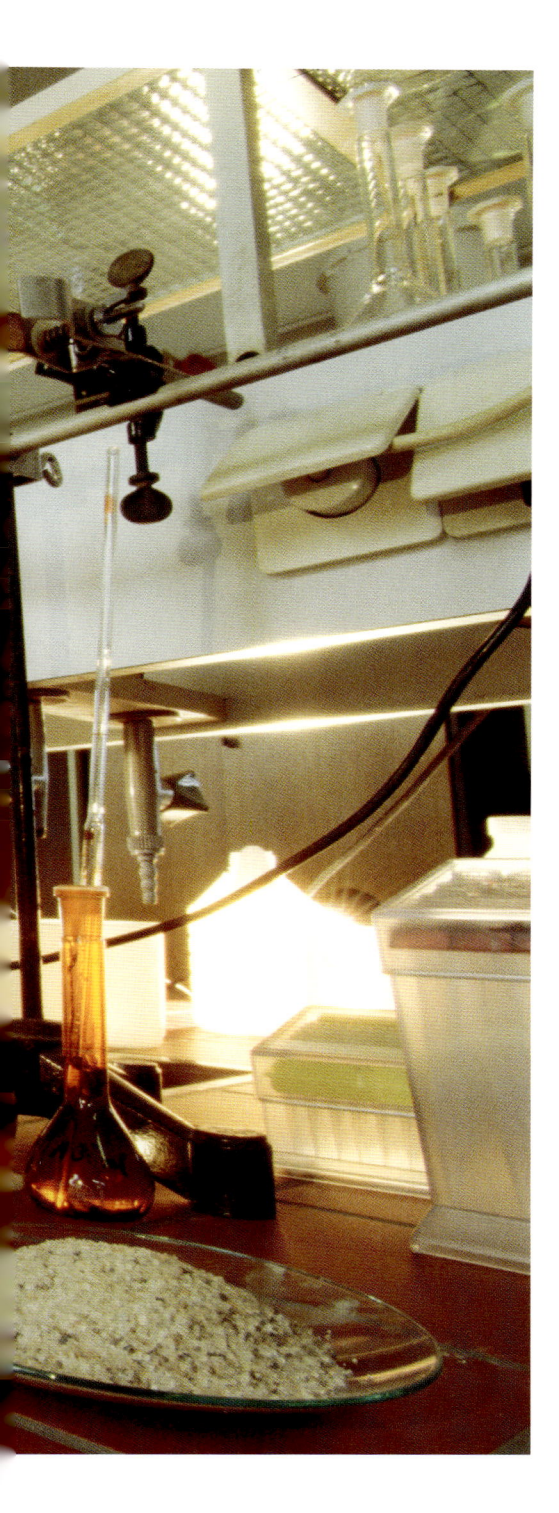

Mit Gmunden assoziiert man vor allem auch Keramik. „Gmundner Keramik" – Keramik und Porzellan und Geschirr. Beim Geschirr ist „Gmunden" für sein grünes Design, die grünen Ringe, bekannt und eine gewisse urige Klobigkeit und Dickwandigkeit, die vielleicht mit „Heimat" konnotiert. Der Grünberg ist schließlich nicht weit. Hygieneporzellan gibt es bei der ÖSPAG-Sanitärkeramik (zum Laufen-Konzern gehörig). Wie man an Leihgaben von Laufen im wirklich originellen „Klo & So"-Museum sehen kann, hat alles und auch das Ausscheiden seine Geschichte …

Innviertel, bei Obernberg, ein Fassbinder biegt Fassdauben am offenen Feuer.
Innviertel near Obernberg, a barrel-maker bending staves.

Oben: Lokführer der Schafbergbahn am Wolfgangsee
Above: The train driver of the Schafbergbahn near Wolfgangsee

Unten: Gmunden, Rathaus, Glocken aus Gmundner Keramik
Below: Gmunden, Town Hall, bells made of traditional „Gmundner Keramik"

Totes Gebirge, Aufstieg auf den Großen Priel
Totes Gebirge, climbing up the Grosse Priel

Trattenbachtal, Eisenstraße, Taschenfeitlmacher Löschenkohl
Trattenbachtal, Eisenstraße (Iron Route),
Löschenkohl, manufacturer of a special kind of knives

Von der modernen und von der alten Schwerindustrie im Land

Die zehn größten Industriezweige in Oberösterreich sind (wieder nach Mitteilung des Industriellenverbandes im Internet im Jahr 2006) Maschinen und Metallwaren, Fahrzeuge, Chemie, Eisen- und Stahlerzeugung, Nahrungs- und Genußmittel, Holzverarbeitung, Bauindustrie, Elektrik und Elektronik, Papiererzeugung und NE-Metalle. Fünfmal liegt dabei Oberösterreich unter den neun Bundesländern an erster Stelle (Maschinen, Fahrzeuge, Eisen, Bau und NE-Metalle), viermal an zweiter (Chemie, Nahrung, Holz, Papier) und nur einmal an vierter Stelle (Elektrik).

Die Königsdisziplin aller Industrien ist die Eisen- und Stahlerzeugung, und die Königin der österreichischen Eisenindustrie ist die voestalpine AG in Linz. Kein Wunder, daß auch in bezug auf das Soziale die jährlichen Lohnverhandlungen und Abschlüsse für die Metallarbeiter richtungweisend für alle anderen Branchen sind. Die Zeiten übermächtiger Gewerkschaften und Betriebsräte in den Staats- oder staatsnahen, verstaatlichten Betrieben sind vorbei, leider sagen die einen, Gott sei Dank die anderen Sozialpartner. Vorbei sind die Zeiten, in denen Zentralbetriebsratsobmann Ruhaltinger mit Mercedes und Chauffeur nach Wien gefahren ist und am Ballhausplatz dem Bundeskanzler Sinowatz Bescheid gegeben hat; er hat ihn angeblich „abgekanzelt": „Fred, die Schmerzgrenze ist erreicht!" Oh mein Gott, muß ich alt sein, daß ich mich noch erinnere, wie man daheim gestaunt hat, als es hieß, ein VOEST-Arbeiter verdiene monatlich über tausend Schilling! Ein Bauernknecht bekam damals vielleicht vierhundert Schilling und Kost und Logis. In der VOEST aber, hieß es, können die Arbeiter in einer eigenen Kantine für fünf Schilling ein Schnitzel essen. Man kam aus dem Staunen nicht heraus! Technisch gesehen hat Linz mit dem sogenannten LD-Stahlblasverfahren Furore und gute Geschäfte gemacht. LD steht für Linz-Donawitz, Donawitz für

Sensen dengeln
Farmers working on their scythes

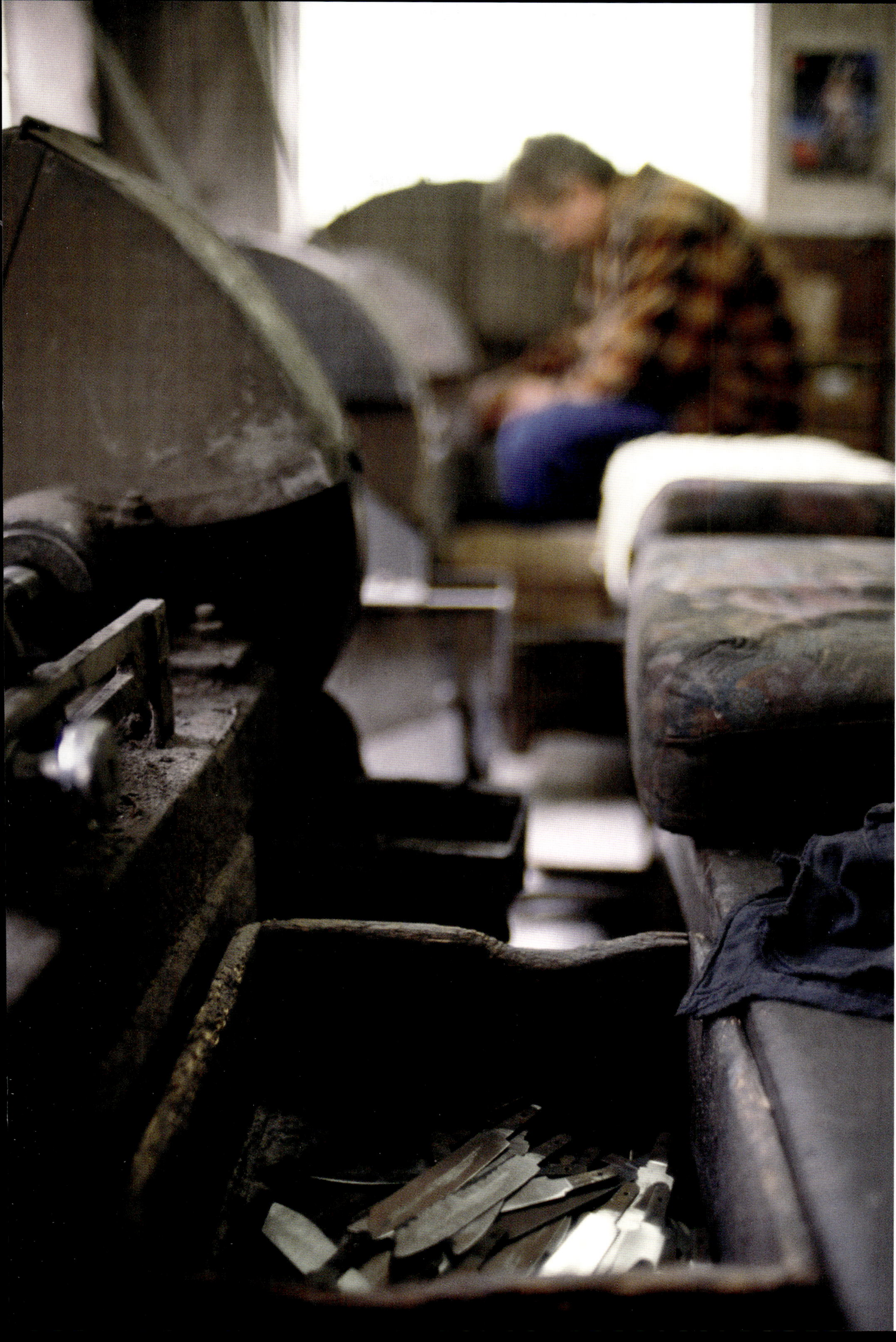

Oben: Eisenstraße bei Molln, Wallfahrtskirche Frauenstein, Nationalpark Kalkalpen
Eisenstraße (Iron Route) near Molln, Frauenstein pilgrimage church, national park Kalkalpen

Unten: Waldhausen im Strudengau, Kerzenzieher
Waldhausen, Strudengau, candlemaker

Hallstatt, Schneiderei für Goldhauben und Trachten
Hallstatt, taylor for traditional Austrian costumes and golden bonnets

den anderen großen Standort. Das Erz für die Hochöfen kam bekanntlich nicht aus Oberösterreich, sondern vom steirischen Erzberg oder überhaupt aus Schweden oder sonstwoher in der weiten Welt. Und von Umweltschutz redete damals auch noch niemand, wenn auch gerade die Probleme mit der Luftverschmutzung durch die Hochöfen nahezu mitten in der Stadt die Menschen sehr früh für dieses Thema sensibilisierten. Und es ist kein Zufall, daß ein Bürgermeister aus dem „transdanubischen" Steyregg zu einer Galionsfigur der Grünen, wenn auch „nur" der bürgerlichen Grünen, der Realos gewissermaßen, geworden ist. Heute sind für Milliarden Euro Filter eingebaut, und die Linzer Luft kann als rein oder doch wenig oder normal belastet gelten.

Eisenwurzen! Das ist der Name für die Landschaft nördlich des steirischen Erzberges an Enns, Steyr, Ybbs und Erlauf. Seit dem fünfzehnten Jahrhundert wurde hier in Hammerschmieden Werkzeug aller Art hergestellt. „Gewerken", reiche Kleinunternehmer, haben die Erzeugung von Hacken, Sensen, Sicheln und Sägen,

Steyr, Dachlandschaft
Steyr, roofs of the town

aber auch merkwürdiger Musikinstrumente wie der Maultrommel in Molln oder der praktischen Taschenfeitel oder „Zauckerl" organisiert. Eine sehr erfolgreiche „dislozierte" Landesausstellung in den Eisenwurzen im Jahre 1998, „Land der Hämmer – Heimat Eisenwurzen" mit der Leitausstellung in Weyer, hat die Erinnerung an die Welt der alten Hammerschmieden und der „Hammerherren" mit ihren prächtigen Häusern neben den restaurierten Werkstätten eindrucksvoll und nachdrücklich wieder aufleben lassen. Schon eine frühere Präsentation („Arbeit Mensch Maschine") des endgültig geretteten „Wehrgrabens" in Steyr im Jahr 1987 hat gezeigt, daß die alte Arbeitswelt beim Publikum höchstes Interesse findet und mit jenem für die grandiosen Stifte („1200 Jahre Stift Kremsmünster", 1977) durchaus vergleichbar ist. Es ist also nicht ganz richtig, was der Kärntner Landeshauptmann Leopold Wagner einmal zum Ausbleiben von Landesausstellungen in seinem Bundesland gesagt hat: Ach, da geht es ja doch immer nur um den Adel und die Kirche! Industriearchäologie ist auch zu einer großen Disziplin der Geschichtswissenschaft und der „Heimatkunde" geworden. Dementsprechend besitzt das Land Oberösterreich inzwischen auch einige sogenannte Freilichtmuseen, die entweder die Arbeitswelt oder das Leben der Bauern betreffen (zum Beispiel der Sumerauerhof Samesleiten bei St. Florian oder der Stehrerhof in Neukirchen an der Vöckla).

Molln, Eisenstraße: Maultrommelmacher Wimmer in seiner Werkstatt
Molln, Eisenstraße (Iron Route): tromp manufacturer Wimmer in his workshop

Von Schotter, Granit und Quarz

Gold wurde in den oberösterreichischen Flüssen nicht gefunden, es gibt auch keine Goldminen, Schotter unter dem Humus aber wohl. Der Traungletscher hat in grauer Vorzeit diesen Bodenschatz vor sich hergeschoben und auf der sogenannten Welser Heide abgelagert. Das geschah im Laufe von Jahrmillionen. In Wimpassing aber habe ich um das Jahr 1955 aus einer Schottergrube mit unseren Pferden und einem holzgeächsten Schotterwagen einige Fuhren geholt und auf der unasphaltierten Schotterstraße heimtransportiert. Heute sind die kleinen, oft von Bauern auf ihrem Grund betriebenen Schottergruben alle verschwunden und zugeschüttet. In Gunskirchen aber befindet sich, wie man schon aus dem vorbeifahrenden Zug sehen kann, eine fußballfeldergroße Schottergrube mit den entsprechenden riesigen Schotter- und Sandsortiermaschinen. Von hier schwärmen auch die überall auftauchenden Fertigbetonlastwägen aus, die ihre Fracht noch während der Fahrt in ihren drehbaren Mischcontainern umwälzen und den Beton frisch zu den unzähligen Baustellen im Land karren. Aus einer Sandgrube in der Ortschaft See in der Gemeinde Kematen am Innbach haben wir uns immer den feinen rötlichen Sand („Verreiber", das heißt Feinputz) abgeholt.

Wie wertvoll aber ist doch auch der Granit des „Böhmischen Granitplateaus" im oberösterreichischen Mühlviertel! Überall im Land sieht man in den Gärten, namentlich auch in den „Prägärten" der Bäuerinnen, jene Wassergrander aus dem „gewachsenen" Mühlviertler Granit. Steinreich sind einige Steinbruchbetreiber im unteren Mühlviertel, in der Gegend um Perg und Mauthausen *(Poschacher)* und im Machland geworden. Steinbrecher, Steinwendner, Steinkellner und Steinbrenner sind oberösterreichische Personennamen, vorzeiten waren sie auch Berufsbezeichnungen. Und wie „erdig", wie „bodenständig" und naturnah sind die buntscheckigen Mühlviertler Bauernhäuser in der sogenannten „Bloßsteinbauweise" mit den eingemauerten und unverputzten Granitsteinen!

Ein anderer wertvoller Rohstoff ist jener Quarzsand, der sich am Südrand des Mühlviertels findet und zur

Stift Schlierbach, Werkstätte für Glasmalerei:
Siegfried Anzinger bei der Arbeit an den Kirchenfenstern des Domes zu Weyer
Schlierbach Abbey, workshop for glass painting: Siegfried Anzinger working on a glass window for the Weyer Cathedral

Stift Schlierbach: der Leiter
der Käserei, Pater Alfred,
präsentiert einige Produkte.
Schlierbach Abbey: Pater Alfred,
head of the cheese dairy, with
samples of his products.

Linz, Glasfassade des Kunstmuseums Lentos.
Linz, façade of the Lentos Museum of Modern Art.

Glaserzeugung herangezogen wird. Verwendung findet er bei Riedel Glas in Schneegattern, und auch die sogenannten „Gablonzer", die weltberühmten Hersteller von Glas-, Bijouterie- und Gürtlerwaren, die nach der Vertreibung (aus Jablonec in Tschechien) in Oberösterreich in Enns und Kremsmünster eine neue wirtschaftliche Heimat fanden, nützen diesen Rohstoff, um ihre glänzenden und glitzernden Produkte zu fertigen. Mit bunten Gläsern arbeitet auch die Schlierbacher Glasmalerei-Manufaktur, in der ursprünglich vor allem nach Entwürfen der Malerin Margret Bilger Kirchenfenster geschaffen wurden.

Und weil wir gerade von Schlierbach reden: Eine vitale und sehr bekannte kulinarische Spezialität des Wirtschaftsbetriebes dieses Stiftes ist der „Schlierbacher Klosterkäse". „Qualität ist uns heilig!", sagt der auf dem Etikett abgebildete Mönch. Frömmigkeit für den Werbewert … Neben „Klosterkäse" steht außerdem auch noch „Schloßkäse" auf dem Silberpapier, was mich noch an den „Achleitner Schloßkäse" erinnert, der uns auch gut geschmeckt hat, immer am fleischlosen Freitag zur Jause.

Und nicht vergessen darf man natürlich, wenn man an Oberösterreichs Wirtschaft denkt, die Ziegelindustrie, die einen anderen wertvollen Rohstoff, den Lehm (mal. *loam*), zu ästhetisch überzeugenden und gutes Raumklima fördernden Ziegeln, Tonziegeln, Mauer- und Dachziegeln, verarbeitet. Ich hatte noch auf dem Dach meines Hauses in Pichl die alten wunderbaren Biberschwanzziegel in Sienabraun. Für den ersten größeren Mühlenausbau nach dem Zweiten Weltkrieg holten wir uns die Ziegel aus Geinberg bei Linz. Heute sieht man freilich meistens die neuen in Gebrauch gekommenen Betonziegel, die man sich in Gaspoltshofen holt und gegen die wohl auch nichts spricht. Mir ist auch von Thomas Bernhard, der ja oft auf dem Weg nach oder von Gaspoltshofen oder Ottnang an jenem Werk vorbeigefahren ist, nichts Nachteiliges oder Abfälliges bekannt geworden. Der Hauptsitz der Betonsteineerzeugung ist die Kokoschka- und Nibelungen-Stadt Pöchlarn.

Prägarten im Mühlviertel, Granitfindlinge
Prägarten, Mühlviertel, erratic granite blocks

Vom Holz

Der vermutlich wichtigste, weil auch nachwachsende Rohstoff ist im waldreichen Oberösterreich immer noch das Holz. Holz als Bauholz für Balken, Träme, Rofen, Sparren, Latten, Pfosten, Bohlen und Bretter und in so vielen anderen „Erscheinungsformen". Zwar ist die große Zeit der Holzhäuser, wie man sie noch im Innviertel sieht, bei denen Balken auf Balken gelegt und am Kopfholz gekröpft und verzargt wurden, vorbei, für Nutzbauten aber und überhaupt für Dachstühle ist Holz gefragter denn je. Durch die „Leimbinder"-Technik können auch große Messe- und Sporthallen aus Holz konstruiert werden. Vollholz ist heute freilich etwa im Möbelbau eher schon die Ausnahme. Wir leben im Zeitalter der Furniere und der Homogenplatten, von Preßspan, Holzfaserpaneelen und Laminaten. Was also äußerlich wie das gute alte Holz aussieht, ist im Inneren oft weiter nichts als Sägespäne, oberösterreichisch gesprochen „Sogschoatn". So wird auch Anfall- und Schleifholz im Sinne von „Wertschöpfung" veredelt. Der bedeutendste Verwerter von solchen Holzabfällen ist sicher die Zellstoffindustrie, die Lenzing AG, das weltweit bedeutendste Industrieunternehmen für Viskosestapelfasern. Fünf Prozent der Weltproduktion erzeugt laut Lexikon der 1938 gegründete Betrieb „Zellwolle Lenzing". Und für das Jahr 1993 sind an mehreren Standorten in Amerika, Europa und Fernost rund 5600 Mitarbeiter ausgewiesen. Zentrale in Lenzing! Nach den neuesten Zahlen einer Rangliste der Top 250 der größten Unternehmen Oberösterreichs in den *Oberösterreichischen Nachrichten* vom November 2007 liegt die Lenzing AG mit 5044 Mitarbeitern und einem Umsatz von 1.100,000.000 Euro an neunter Stelle (unter anderem nach voestalpine, BMW Group Österreich, Siemens VAI, MAN Steyr und voestalpine Intertrading AG). Es gibt in Oberösterreich also noch andere „global player" dieses Formats. Da muß man sich als Oberösterreicher direkt zurückhalten, um nicht stolz zu werden und wie ein Politiker eine Sonntagsrede zu halten. Dummheit und Stolz wachsen auf einem Holz, heißt ein Sprichwort ... Und erinnern muß man sich doch auch, daß Lenzing, wie wir kurz und bündig sagen, eine lange und hohe Schaumspur über die Ager und die Traun bis zur Donau hin gezogen und viele Proteste hervorgerufen hat. Der oberösterreichische Dichter und Journalist E. C. Heinisch, im Hauptberuf Pressesprecher des Unternehmens, hat sich damals viel anhören müssen. Da freut es einen doppelt, wenn man jetzt im Lexikon liest: „Besondere Erfolge wurden mit umweltschonender Produktionsweise erzielt." Da sage noch einer, es gäbe keinen Fortschritt!

Mein Vater hat bis zum Jahr 1947 neben der Mühle, der sogenannten „Schwarzbäckerei" und der Landwirtschaft auch ein Sägewerk mit einem „Venezianergatter" betrieben. Schneller als die vielen Mühlen sind diese kleinen Sägewerke nach dem Krieg verschwunden. Drei Sägewerke, Industriesägen, decken heute weitgehend den Bedarf an Schnittholz und scheinen unter den hundertfünfzig größten oberösterreichischen Unternehmen auf. Wer in Vöcklamarkt aus dem Zugfenster auf die riesigen Holzstapel und Sägewerksanlagen der Theresia Häupl GmbH in Oberfeld blickt, bekommt eine Vorstellung von den Dimensionen heutiger Sägewerke! Mit (nur) zweihundert Mitarbeitern erwirtschaftet der hochtechnisierte, vollautomatische Betrieb jährlich 85 Millionen Euro Umsatz.

Manche Unternehmungen haben als Holzverarbeiter, ja als Tischler, begonnen und sich weiter- und fort- und in gewisser Weise auch vom Holz wegentwickelt; sie verarbeiten und verwerten heute eher Kunststoff als Holz. Sie haben sich etwa auf die Erzeugung von Fenstern oder Türen spezialisiert, wie JOSKO in Kopfing im Sauwald. Ich denke dabei auch an Unternehmungen wie die Skifabrik Fischer in Ried im Innkreis. Die Zeit ist lange vorbei, wo in einer relativ kleinen Werkstatt Holzskier hergestellt wurden, ursprünglich Kompakthölzer, später 25-fach verleimte „Bretter", also auch „Leimbinder" sozusagen. Heute sind die Freizeit-, die Renn- und Sprungskier und die Surfbretter und auch die Tennisschläger natürlich aus hochwertigem Kunststoff. Und das Material, aus dem jene Flugzeugkomponenten bestehen, mit denen das Unternehmen seit Jahren erfolgreich expandierte, ist sicher auch nicht hölzern.

Abendruhe: ein Fassbinder in seinem Gartenhaus, Innviertel
End of the work day: a barrel-maker in his gazebo, Innviertel

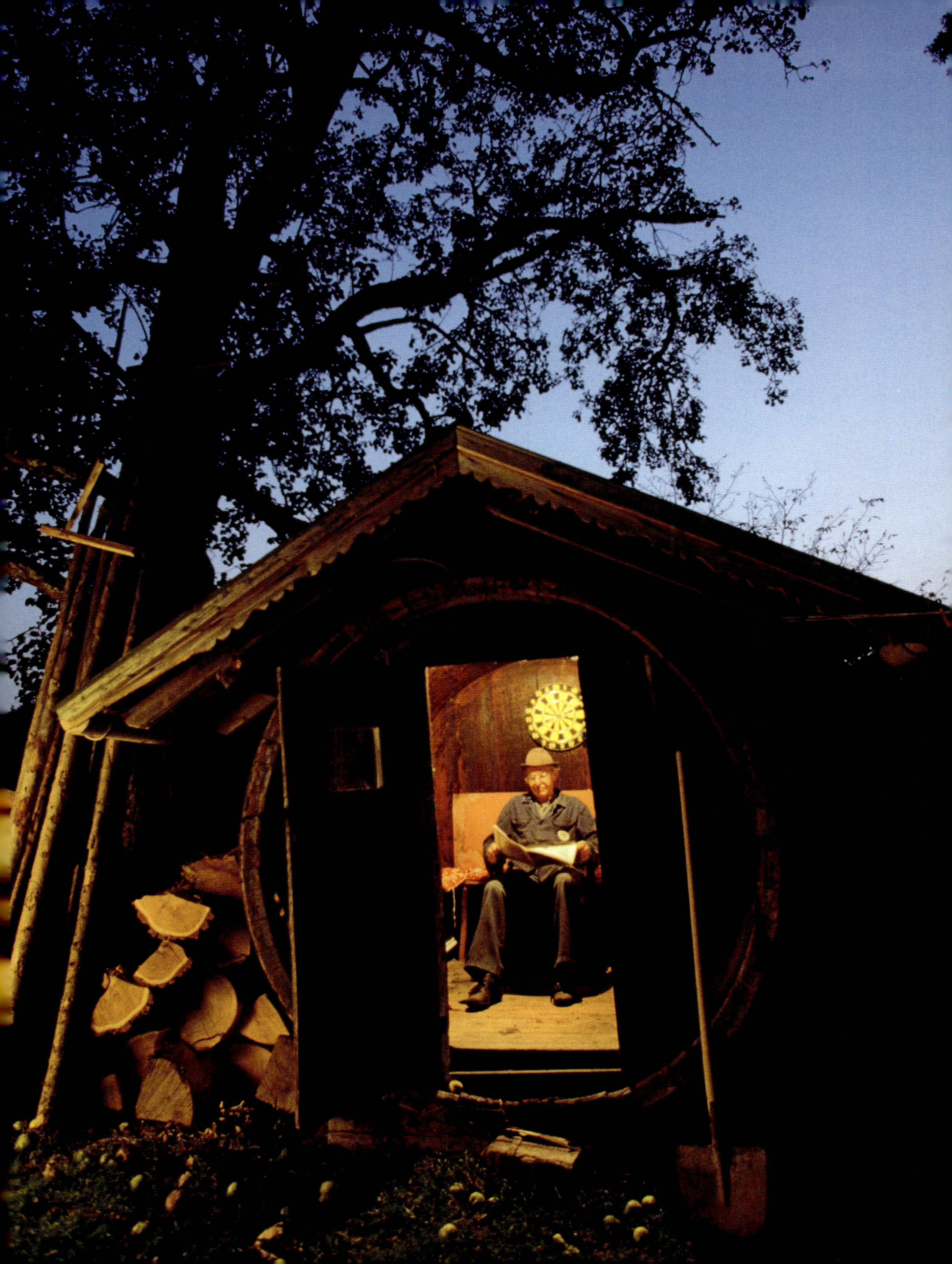

Neuhaus bei Greinberg, Herrgottschnitzer Peter Wimmer in seinem Atelier
Neuhaus near Greinberg, Peter Wimmer, who carves cruzifixes in wood, in his studio

Nicht weit von Ried Richtung Braunau, in Altheim im Innkreis, gab es auch einmal eine Bauzimmerei (gegründet 1849), die sich 1921 auf die Produktion von Sitzmöbeln und Tischen spezialisiert hat: Wiesner-Hager. Aus dieser Tischlerei entstand eine große Industrie, die heute über fünfhundert Mitarbeiter beschäftigt und jährlich über 300.000 Tische und Stühle erzeugt. Und wer heute in Österreich, aber auch im benachbarten Ausland (Exportquote: 32 Prozent) eines der großen Opernhäuser, eines der Theater oder auch ein Kino besucht, läßt sich vermutlich, ja fast sicher, auf einem Stuhl von Wiesner-Hager nieder. Dies trifft auch für das Große Festspielhaus in Salzburg und für die Wiener Staatsoper zu. Im bereits zitierten Journal zu den *Oberösterreichischen Nachrichten* vom November 2007 *(Top 250, Die größten Unternehmen Oberösterreichs)* rangiert Wiesner-Hager nach Lutz, DAN Küchen und EWE Küchen auf Platz vier.

Ebensee, Salzlagerhalle der Salinen Austria
Ebensee, salt storage depot of the Salinen Austria

Ein Tischler, der auch den „Holzweg" verlassen hat, war Johann Kapsamer aus Kematen am Innbach, der sich vor zwei Generationen nach Schwanenstadt begeben und dort, ähnlich wie Wiesner-Hager, besondere Möbel, aber eben keine Sitz-, sondern Liegemöbel, Polstermöbel und Matratzen, entwickelt und erzeugt und aus den Anfangsbuchstaben seines Vor- und seines Familiennamens eine Weltfirma namens *Joka* gegründet hat. Initialzündung mit einem sogenannten Initialwort. Hellwach für die Themen der Zeit, hat man sich zu einem Schlaf-Spezialisten entwickelt, der buchstäblich für die Voraussetzungen und materiellen Grund- und Unterlagen für gesundes und geruhsames Liegen sorgt.

Holz her!, heißt es bei den Zimmerleuten, wenn ein Dachstuhl „abgebunden" und dann auf der „Mauerbank" aufgesetzt und ein Tram in die eine Richtung bewegt werden soll. Holz her. Holz muß aber vor allem her, wenn Papier erzeugt werden soll, keine teuren astfreien Bloche, Tannen gar, eher Durchforstungs- und Schleifholz. Der wichtigste Rohstoff für die Papiererzeugung ist aber inzwischen mit weit über sechzig Prozent Anteil Papier selbst, das heißt Altpapier. Aus alt mach neu, in keiner anderen Industrie ist das

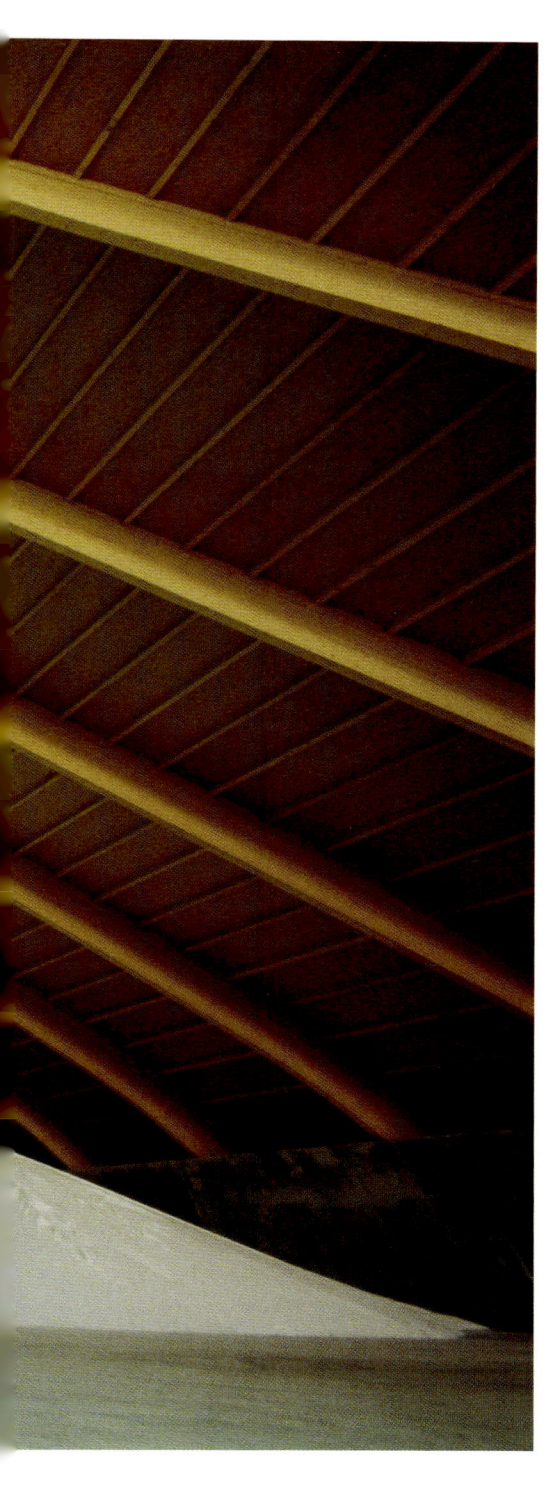

Ebensee, zwei Fetzen am Fetzenmontag auf dem Weg zum Umzug
Ebensee, „Fetzen-carnival" which takes place every year on the last Monday before Lent.

Niederranna an der Donau, Zillenbauer Witti in der Fährmannstracht
Niederranna on Danube, boatbuilder Witti wears the traditional costume of a ferryman.

Niederranna an der Donau, Werkstatt des Zillenbauers Witti
Niederranna on Danube, the boatbuilder Witti's workshop

Ried im Inkreis, Skiproduktion bei Fischer
Ried im Innkreis, Fischer –the famous factory for skis

Recycling so gut organisiert und effizient durchgeführt wie auf dem Papiersektor. Auch auf diesen Umstand könnte das ursprünglich anders gemeinte Sprichwort zutreffen und gemünzt sein: Papier ist geduldig... Ein auch im internationalen Maßstab beachtlicher Papiererzeuger ist die oberösterreichische Nettingsdorfer Beteiligungs AG (Wellpapperohpapiere und Kraftpapiere) mit über sechshundert Mitarbeitern, ein börsenotiertes Unternehmen mit Beteiligungen im In- und Ausland. Nettingsdorf ist eigentlich ein Weiler, der zur Anton Bruckner-Gemeinde Ansfelden gehört. Der andere große oberösterreichische Papierhersteller ist die Steyrermühl AG (Zeitungsdruckpapier, Rollenoffset- und Tiefdruckpapiere). In Steyrermühl gibt es heute nicht nur ein Papiermachermuseum, sondern bei Betriebsbesichtigungen auch die größte Papiermaschine Österreichs zu bewundern. Man erstaunt, nein, man erschrickt!

Zur Erinnerung und zum Schluß noch einige exakte Zahlen: Laut Mitteilung des Industriellenverbandes steht die oberösterreichische Papierindustrie unter den zehn größten Industriezweigen Oberösterreichs an neunter Stelle. Sie erzeugt aber 28 Prozent des in Österreich hergestellten Papiers, steht damit unter den Bundesländern an zweiter Stelle (nach der Steiermark). Und nach dem Ranking des schon zitierten Journals der *Oberösterreichischen Nachrichten* vom November 2007 sind die Top drei der oberösterreichischen Papierindustrie: UPM-Kymmene Austria, SCA Graphic Laakirchen und Smurfit Kappa Nettingsdorfer.

KLUGES LAND

Hallstatt, bemalte Schädel im Karner
Hallstatt, painted skulls in the Charnel House

Von der Literatur

Vom Papier zur Kultur des Landes, die sich als bildende Kunst, als Literatur und als Musik auch auf Papier niederschlägt. Der Film ist eine eigene Geschichte, kennt aber auch seine Drehbücher. Auch bei allen sogenannten neuen Medien gibt es Papiere: Irgendwann wird immer ausgedruckt. Oberösterreichs Bibliotheken wären wahrlich ein eigenes und ein Kapitel für sich! Allein die Stiftsbibliotheken besitzen unermeßliche Schätze an Handschriften, Inkunabeln und Büchern und Folianten. Davon kann bedauerlicherweise hier nicht weiter die Rede sein. Wenigstens ein, das hellste Highlight und die wohl wertvollste bibliophile Kostbarkeit des Landes sei hier aufgerufen: Der *Codex Millenarius Maior* im Benediktinerstift Kremsmünster, ein Evangeliar vom Beginn des neunten Jahrhunderts.

Die Literatur liegt mir am nächsten. Müßte ich eine Buchempfehlung zur alten oberösterreichischen Literatur abgeben, dann würde ich für die alte Zeit, das dreizehnte Jahrhundert, zur Lektüre des erwähnten *Helmbrecht* raten. Dabei darf man gern eine Übertragung aus dem Mittelhochdeutschen ins Neuhochdeutsche verwenden. Aus Wernher des Gärtners Dichtung erfährt man nicht nur vom Unglück der „weichenden" Bauernsöhne und den Kruditäten ihrer Schicksale, sondern auch eine Fülle realistischer, „realienkundlicher" Details über das Leben der Bauern, ihre Arbeit, ihre Pflichten als Hintersassen, ihre Kost und ihre Moral. Und man erhält erstaunliche Einsichten in die Mentalitätsgeschichte der Innviertler! Die Landflucht zum Beispiel ist heute noch ein Thema! Mit Verblüffung wird man Nahes im Fernen erkennen, anthropologische und soziale Konstanten über die Jahrhunderte hinweg! Ich jedenfalls habe im Vater des Helmbrecht, dem *Meier* Helmbrecht eben, meinen eigenen Vater wiedererkannt: rechtschaffen, ernst und streng. Der *Helmbrecht* ist übrigens in zwei vollständigen Handschriften überliefert. Die eine, das *Ambraser Heldenbuch* in der Österreichischen Nationalbibliothek, lokalisiert das Geschehen im Innviertel, die andere, die sogenannte *Berliner Handschrift*, weist auf das Traunviertel hin. Von Leubenbach, dem heutigen Leombach bei Sippachzell ist die Rede. Oberösterreichischer jedenfalls geht's nicht!

Mit Friedrich Zauner (geboren 1936 in Rainbach) hat das Innviertel der Gegenwart seinen authentischen Chronisten gefunden: *Das Ende der Ewigkeit*, heißt sein Buch und es ist „fernab jeglicher Heimattümelei" (*Literarischer Führer Österreich* von Wolfgang Straub). In dem verstorbenen Gottfried Glechner (1920–2004), dem Verfasser von Der *boarische Odysseus,* hatten die Innviertler aber den legitimen Erben der Mundarttradition Franz Stelzhamers und Hans Schatzdorfers.

Setzen wir uns in Lambach auf eine Bank in jenem Park, der neben der gestauten Traun und dem lange umkämpften Kraftwerk angelegt wurde, und nehmen wir ein Buch des Johann Beer (1655–1700), Gastwirtssohn aus St. Georgen im Attergau, zur Hand, etwa *Der Verliebte Österreicher*. Man kommt aus dem Staunen über den wirklich *toll* erzählenden, phantastischen Dichter nicht heraus, der heute gleichwertig neben Christoffel von Grimmelshausen *(Der abenteuerliche Simplicissimus)* gestellt wird (nachdem man ihm viele bis dahin anonyme Bücher als sein Eigentum „nachgewiesen" hat)! Wenn wir aufblicken und die wunderbare Dreifaltigkeitskirche von Stadl-Paura von Johann Michael Prunner vor uns sehen und zum Stift hinüberschauen, dann haben wir auch die „Kulisse" der Beer-Zeit vor uns. Im Stift wurde der später zum Protestantismus konvertierte Beer, der nach Weißenfels „emigrierte", wo er bei einem Jagdunfall zuletzt ums Leben kam, geschult und erzogen. Er schreibt freilich, daß er bei den Benediktinern mehr „Product" bekommen habe „als rote Täge im Kalender seind" – also fast täglich Schläge. Ein anderer berühmter Schüler des Lambacher

Albert Neuhauser
1889
Curat Beneficiat in
Obertraun
Johann
Bojanovsky
1884 - 1966
Franz Seauer.
Josef Berger
Schullehrer
Seines Alters
61 J.
Marktrichter
Franz Heuschober
1852

Gymnasiums aus unserer Zeit ist der 1954 in Wels geborene Christoph Ransmayr, der mit seinem Roman *Die letzte Welt* in der literarischen Welt Furore gemacht und seinen Ruf und Ruhm durch weitere Romane, die mittlerweile in dreißig Sprachen übersetzt wurden, bestätigt hat. Er gilt wohl mit gutem Grund vielen als der bedeutendste oberösterreichische Dichter der Gegenwart. Wie Beer hat auch er sich kritisch über seine Lambacher Schule und die Kirche als Schulträger geäußert. Immerhin mag er dort zum ersten Mal von den *Metamorphosen* des Publius Ovidius Naso erfahren haben, über den er dann sein Buch, sein „Opus magnum", geschrieben hat. Nicht nur aus lokalpatriotischer Sicht empfiehlt sich auch die Lektüre seines Erzählbandes *Der Weg nach Surabaya* und darin der Geschichte über seinen Freund, den 25jährigen Totengräber Friedrich Valentin Idam, einen Künstler und Lebenskünstler. Es ist eine eigenartige Erzählung über einen sonderbaren Menschen und seine seltsamen Reden über den merkwürdigsten oberösterreichischen Schriftsteller, nämlich Adalbert Stifter. Der Held der Geschichte *Die ersten Jahre der Ewigkeit* betreut jenen legendären kleinen Friedhof in Hallstatt, wo aus Raumnot die Gebeine der Toten nach der vorgeschriebenen Frist exhumiert und die Schädel, beschriftet und bemalt, im Karner, dem „Beinhaus", verwahrt wurden. In meiner oberösterreichischen Mundart heißt es für

Ohlsdorf bei Gmunden, Thomas-Bernhard-Haus (Vorraum)
Ohlsdorf near Gmunden, Thomas Bernhard Memorial (the former farmhouse of the poet; the anteroom)

„beerdigen" immer noch „eingraben". Exhumieren, wie es in Hallstatt Brauch war, heißt „ausgraben". Ransmayr erzählt poetisch souverän, auch in schönen Bildern, wie es kommt oder gekommen ist, „daß die Forscher und Ausgräber der Neuzeit eine ganze Epoche, das Zeitalter des Übergangs von der Bronze- zur Eisenzeit Europas, nach diesem engen Tal, dem Ort ihrer reichen Funde, getauft hatten: die Hallstattzeit".

Ransmayr ist wirklich noch ein *Dichter*. Seinen Platz als *Autor* wird er sich vielleicht mit Erich Hackl, dem ähnlich erfolgreichen Bestseller-Autor aus Steyr, teilen, der, realistischer und politischer, konzentriert auf das Thema der Vergangenheitsbewältigung, etwa mit der Erzählung *Abschied von Sidonie* Aufklärungsarbeit leistet und das Land an seine Vergangenheit und an die überall sichtbaren Hypotheken und Altlasten erinnert. Muß man Ransmayr und Hackl inzwischen bereits zur mittleren Schriftstellergeneration zählen, so darf der 1967 in Vöcklabruck geborene *Franzobel* als der aufstrebende, einer ganz anderen Tradition, der „konkreten" Sprachvirtuosität und Artifizialität verpflichtete, junge Wilde gelten. Schon der Name, das Kunstwort *Franzobel* ist sichtbar Programm! Das oberösterreichische Mitglied der sogenannten Wiener Gruppe ist der Schalcher Müllersohn Friedrich Achleitner (geboren 1930). Dem Schalcher sitzt der Schalk im Nacken.

Ohlsdorf bei Gmunden, Thomas-Bernhard-Haus (Schreibtisch)
Ohlsdorf near Gmunden, Thomas Bernhard Memorial (the former farmhouse of the poet; his desk)

Er hat neben seinem Rang als Autor *(Quadratroman)* das ganz große Verdienst, mit seinem Standardwerk *Österreichische Architektur im 20. Jahrhundert. Ein Führer in drei Bänden* (Band 1: Oberösterreich, Salzburg, Tirol, Vorarlberg) auf jene Architektur aufmerksam zu machen und einzugehen, die in Österreich vor lauter Barock gern übersehen wird.

Wer etwas über Oberösterreich und seine Literaten aus der Literatur selbst erfahren möchte, dem rate ich, auch und vor allem das famose Buch *Beginn der Errichtung eines Denkmals. Variationen zu dem Thema Adalbert Stifter* von Hermann Friedl aus dem Jahr 1988 zu lesen. Es handelt sich dabei um fingierte Briefe von und an Johann Aprent, den Nachlaßverwalter Adalbert Stifters, der den Mythos Stifter voller Devotion und unter Vernachlässigung von Realem auf- und auszubauen beginnt. Der köstlichste Brief ist dabei für mich jener, den Friedl den Franz Stelzhamer, den

Stadl-Paura, Dreifaltigkeitskirche, Traun
Stadl-Paura, Church of the Trinity, Traun

Als die Doyenne der oberösterreichischen Literatur gilt sicher die in Pilsen 1912 geborene, hochbetagte und hochgeehrte, zugleich aber noch immer (etwa wegen ihrer von manchen als rassistisch empfundenen *Mohrenlegende*) politisch umstrittene und geschmähte, in Leonding bei Linz lebende Gertrud Fussenegger. Sie hat in einer großen autobiographischen Prosa ihr bewegtes Leben und ihre Ansichten über die Zeitläufe episch breit dargestellt: *Spiegelbild mit Feuersäule*. Über die Geschichte der *Literatur in Linz* gibt es „Eine Literaturgeschichte" von Helga und Jakob Ebner und Rainer Weissengruber, Linz 1971. Hier ist nicht der Platz für „Namedropping". Dort aber wird fündig, wer etwa über den „Herrn aus Linz", Hermann Bahr (1863–1914), den oberösterreichischen Autor des Fin de siècle, und viele andere poetae maiores und poetae minores Unterricht wünscht. Ich will nur zwei Linzer Autoren nennen, die ich als besonders sympathische Zeitgenossen (und originelle Erzähler und Schilderer der Atmosphäre und des Fluidums von Linz) auch persönlich noch kennenlernen durfte und in ehrendem Andenken halte. Beide waren sie auch Journalisten bei den kommunistischen Zeitungen *Volksstimme* und *Neue Zeit*. Franz Kain (1922–1997) und Karl Wiesinger (1923–1991). Wiesinger etwa hat unter dem Namen Max Maetz einen pseudonymen Geniestreich in Gestalt des Romans *Weilling, Land und Leute* geliefert, eine „Lausbubengeschichte", ein Schelmenstück sui generis. Es handelt sich dabei um eine Rollenprosa. Der Ich-Erzähler ist Bauernsohn aus der St. Florianer Gegend, er ist aber nicht nur im Milieu der Landjugend als großer Liebhaber, sondern auch im Linzer Underground zugange und unterwegs und gerät schließlich auch noch als Schriftsteller bis zur Frankfurter Buchmesse. 1991 läßt Wiesinger seinen Autor Maetz bei einem Traktorunfall ums Leben kommen! Das mystagogische Buch ist geprägt von intimer Kenntnis der schönen neuen agrarischen Welt, aber auch voll kurioser und bizarrer, vor allem erotischer Einfälle (einige sind anverwandelter Boccaccio ...). Ein köstliches Buch für die oberösterreichischen Landsleute über Verwurzelung und Entwurzelung, das auch dem

Unangepaßten, armen Poeten und unbürgerlichen Bohemien an Aprent schreiben läßt, weil er über seinen alten Freund „Bertl" und die „Mali" (Amalie Mohaupt, Stifters Gattin) einiges mitteilt, was Aprent sicher nicht hören will. Das ist köstlich, kenntnis- und aufschlußreich, kunst- und humorvoll, unterhaltend und unterrichtend und sagt eine Menge aus über das Land ob der Enns und seine Menschen, die Genies und die Gewöhnlichen.

Hallstätter Kinder am Soleweg über dem Hallstätter See
Children from Hallstatt high above the lake

Gegenüber und rechts:
Steyr, Stabpuppentheater
im Steyrer Kripperl
Opposite page and right:
Steyr, puppet theatre

144

Landfremden helfen könnte, das merkwürdige Land zu verstehen, das durch die friedliche Koexistenz von Goldhaube und Stahlkocherhelm signifiziert wird.

Ignaz Hennetmair (geboren 1920 in Linz), Thomas Bernhards „Eckermann", der Immobilienmakler aus Ohlsdorf, der seinem Freund Bernhard (der später mit ihm gebrochen hat) die Häuser in Obernathal und Ottnang „zugebracht" hat, wie es in der Mundart heißt, und inzwischen selbst zwei Bücher über seinen Freund und Kunden geschrieben hat (unter anderem *Ein Jahr mit Thomas Bernhard*, 2000), hat sich einmal über die oberösterreichischen Stifter-Preisträger lustig gemacht, die im Gegensatz zum Nicht-Stifter-Preisträger Bernhard im Ausland niemand kennt. Ob das für Gertrud Fussenegger, Franz Tumler, Heimrad Bäcker und Franz Rieger so zutrifft, sei dahingestellt. Man sollte außerdem nicht die Außenwirkung zum alleinigen Maßstab der Qualität machen. Das käme schließlich einer Selbstentmündigung gleich. Man sollte jene oberösterreichischen Autoren beachten und achten, die auch das Ausland achtet, man sollte aber vielleicht auch einmal einen von jenen Autoren lesen, die nur in „Oberösterreich weltberühmt" sind. Die größte, auch internationale Bekanntheit hat übrigens die Freistädterin Brigitte Schwaiger (geboren 1949) mit ihrem außerordentlichen Roman über eine Kindfrau und ihre Frühehe *Wie kommt das Salz ins Meer?* (1977) erreicht. Kein anderes Buch einer österreichischen Autorin oder eines österreichischen Autors hat sich so lange in den Bestsellerlisten gehalten. Und obwohl sie weiterhin erstaunliche Bücher geschrieben hat, etwa *Der Himmel ist süß* über die Jungmädchenerziehung durch geistliche Schwestern, ein Pendant zu Barbara Frischmuths *Klosterschule* (hinter der ja auch ein oö., von Schwestern geführtes Internat steht), oder auch zu Marlen Haushofers *Eine Handvoll Leben*, hat sie, was den Erfolg betrifft, nicht mehr ans *Salz* anschließen können. Ähnliche Erfahrungen mit dem Knabenseminar Kollegium Petrinum

Stift St. Florian, Bibliothek
St Florian Abbey, library

hat Franz Rieger in seinem Buch *Internat in L* niedergeschrieben. L (Linz) steht eigentlich für U (Urfahr). Rieger hat damit die Eingemeindung vorweggenommen (oder nachvollzogen). Was die Literatur, nicht nur die „Frauenliteratur", betrifft, haben sich in letzter Zeit zum Beispiel Anna Mitgutsch und Margit Schreiner, Elisabeth Reichardt und Brita Steinwendtner an die Spitze geschrieben. Mit großem Respekt muß die bedeutendste Autorin von Kinder- und Jugendliteratur, Käthe Recheis, erwähnt werden.

Wer bis vor kurzem die Wallfahrtskirche in Frauenstein im Gemeindegebiet von Molln betrat, der mag sich nach einer Andacht vor der berühmten gotischen Schutzmantelmadonna, beim Verlassen des Gotteshauses vielleicht über den Schriftenstand gewundert haben, wo Bücher der berühmtesten oberösterreichischen Schriftstellerin des zwanzigsten Jahrhunderts, Marlen Haushofer (1920–1970), Verfasserin von *Die Wand* (1962), zum Kauf angeboten werden. Nicht nur Bücher von ihr, sondern auch solche über sie, wie die im Jahr 2000 erschienene ausgezeichnete Biographie von Daniela Strigl. Wie kommt das? Der Pfarrer Johann Silberhuber, Rektor der Kirche, hat hier, wo „die Haushofer" (sie ist in Oberösterreich so jemand wie in Kärnten „die Bachmann") getauft und auch getraut wurde, ihre Werke (die Werke einer „Atheistin", wie sie sich selbst verstand) zum Kauf angeboten. Silberhuber, inzwischen in Pension, stammt wie ich aus Pichl bei Wels und war ein Mitschüler meines Bruders Felix in der Welser Hauptschule. Das ist wahrscheinlich der Grund, weshalb ich auch einige Bücher von mir freudig erschrocken am Schriftenstand in Frauenstein erblickte. Die Kirche von Frauenstein wird heute auch von vielen Deutschen besucht, weil auf dem kleinen Friedhof um das Kirchlein ein ganz Großer des deutschen Showbusiness, der Schauspieler und Quizmaster Joachim Kulenkampff, begraben liegt, den dort sein Freund Silberhuber gemeinsam mit einem evangelischen Pfarrer ökumenisch ausgesegnet und „eingegraben" hat. Oberösterreich von seiner guten Seite!

Wo soll denn der Tourist und Literaturfreund in Oberösterreich noch hinfahren, auf den Spuren der Dichter? Es wird wohl am besten sein, wenn er sich den schon zitierten *Literarischen Führer Österreich* von Wolfgang Straub (2007) besorgt und sich darin die 26 Seiten, die Oberösterreich betreffen und wo die Orte, die in der Literatur eine Rolle spielen, von Afiesl bis Zwickledt in alphabetischer Reihenfolge aufgeführt werden – als Geburtsorte von Dichtern, als Gegenstand oder Schauplatz von Romanen oder als Sommerfrische für

Autoren – der Reihe nach oder je nach Interesse in Auswahl vornimmt. Bereits einige Jahre vor diesem Buch hat Straub (gemeinsam mit Barbara Higgs) die speziell auf Oberösterreich bezogene Anthologie *Wegen der Gegend (Literarische Reisen durch Oberösterreich)* vorgelegt. Was Dichter und Reiseschriftsteller über Oberösterreich und Linz geäußert haben in Vergangenheit und Gegenwart, das ist auch in der pointierten Anthologie *Oberösterreich*, herausgegeben und gestaltet und mit der Textauswahl versehen von Christian Brandstätter und mit Photographien von Franz Hubmann, aus dem Jahr 1975 unterhaltsam nachzulesen. Da liest man nicht nur Laudatives, sondern etwa über Linz manches auch eher Despektierliche, wie etwa jenes gern zitierte Bonmot (eigentlich „Mauvaismot") der Ingeborg Bachmann: „Der Zug will auch nicht entgleisen vor Linz, er hält kurz in Linz, nie war ich in Linz, ich bin immer durchgefahren, Linz an der Donau …" Linz an der Bahn? Wenigstens hat sie nicht geschrieben: Linz an der Straßenbahn …

Von Bildern und von der Musik

Und woran hält sich der Freund der bildenden Künste? Und woran hält sich der Musikinteressierte? Es gibt, von Dehio (*Die Kunstdenkmäler Österreichs: Oberösterreich*, von E. Hainisch, neubearbeitet von Kurt Woisetschläger) abgesehen, eine umfangreiche Publikation *Kunst in Oberösterreich* in drei Bänden vom langjährigen Leiter der Kulturabteilung des Amtes der Oberösterreichischen Landesregierung Karl Pömer (1924–2007), das an Vollständigkeit und Übersichtlichkeit unübertrefflich ist. Es ist im Trauner-Verlag, Oberösterreichs führendem Verlag, erschienen. Wer wie ich eine Vorliebe für Malerei und hier wieder der Klassischen Moderne hat, begleite mich bitte ins neue, schon erwähnte Linzer Kunstmuseum Lentos. Hier findet er natürlich auch Bilder von Oberösterreichern, den Lokalmatadoren und Platzhirschen gewissermaßen, aber auch Hauptwerke von Gustav Klimt und Egon Schiele, Anton Romako und Hans Makart, Albin Egger-Lienz, Anton Faistauer, Otto Mueller und Carl Hofer, Koloman Moser und Lovis Corinth (von Arnulf Rainer, Hermann Nitsch, Markus Prachenski, Hans Staudacher, Alois Riedl und Manfred Hebenstreit, Peter Sengl und Reimo S. Wukonig etc. ganz abgesehen). Ein Grundstock der Sammlung sind ja die Bilder des Berliner Kunsthauses Wolfgang Gurlitt. Durch Gurlitts Vermittlung sind vor allem auch Bilder Oskar Kokoschkas nach Linz gekommen. Ein kiloschwerer Katalog, gründlich erarbeitet vom langjährigen Leiter der Neuen Galerie, Peter Baum, und dessen Mitarbeitern, gibt Auskunft über den Reichtum der ganzen Sammlung.

Zwei Bilder aber möchte ich besonders „herausstreichen" (um ein Malerwort zu verwenden). Das Bild „Linzer Landschaft", das Oskar Kokoschka (1886–1980) 1955 an Ort und Stelle gemalt hat, eines seiner schönsten Städtebilder. Vom Pfennigberg aus blickt man mit den Augen des „Sehers", des Meisters der „Schule des Schauens" und visionären Betrachters Kokoschka auf die Stadt. Die unteren beiden Drittel des Bildes gehören der Natur, einem baumbestandenen Abhang mit Tieren, einem Pferd und einem pflügenden Bauern. Hier dominiert also das Agrarische, „natura naturans" sozusagen. Daran anschließend sieht man die blaßblaue, aber auch alle anderen Farben spielende Donau mit Schiffen und Kähnen und im oberen Drittel „natura naturata", Kulturlandschaft, die Stadt Linz. In der linken oberen Ecke aber eine prächtige VOEST. Offenbar wird ein Hochofen angestochen, schwefelige und rötliche, auch weißliche Wolken und Dampf steigen auf in einen grandios gemalten Himmel. Peter Baum bemerkt zu diesem Bild in seinem kunsthistorischen Kommentar: „Die massigen, wilden Farbblöcke früherer Stadtbilder weichen nun einem kleinteiligen Farbteppich..." Und: „Die Stadt ist nicht nur Stadt, sie ist Natur, geprägt vom Menschen, der Umgebung und dem organisch Gewachsenen. Kokoschka zeigt einen Weltausschnitt, eine Weltlandschaft tut sich auf."

Eine ganz andere Huldigung an Oberösterreich oder einen Oberösterreicher stammt vom Tiroler Max Weiler (1910–2001), und zwar das Porträt des Bürgermeisters Ernst Koref, das wie Kokoschkas Linz-Bild aus dem Jahr 1955 stammt. Koref (1891–1988) war ein Gegner des Nationalsozialismus und hat für seine sozialistische, sozialdemokratische und eben nicht nationalsozialistische Überzeugung 1934 und 1944 Inhaftierungen erlitten. 1945–1962 war er Bürgermeister von Linz. Weilers Bild zeigt einen naturgetreu gemalten, beamtenhaften, distinguierten Herrn, die Arme übereinandergelegt, in der Linken eine Brille am Bügel haltend. Im Hintergrund aber kündigt sich schon der spätere „informelle" Weiler an. (Ich mag mehr den frühen, den „gegenständlichen"). Koref war, wie der legendäre Landeshauptmann Heinrich Gleißner (1893–1983) von der Oberösterreichischen Volkspartei, mit ein Architekt und Garant des vielbeschworenen oberösterreichischen Konsensklimas nach den schweren Konflikten zwischen den Bürgerlichen und den Sozialdemokraten in der Ersten Republik und im Ständestaat. Es waren zum Teil die gemeinsamen Erfahrungen der Verfolgung und des KZs Dachau, die die früher unversöhnlich gegeneinanderstehenden Lager einander näherbrachten. Max Weiler hielt sich in den 1950er Jahren viel in Oberösterreich auf, weil er in der neuen Urfahrer Christkönigskirche ein großes Fresko malte. Und wie in Innsbruck

Bad Ischl, „Lehar Schnitten" und Melange in der Konditorei Zauner
Bad Ischl, special cakes and a coffee at the Café Zauner

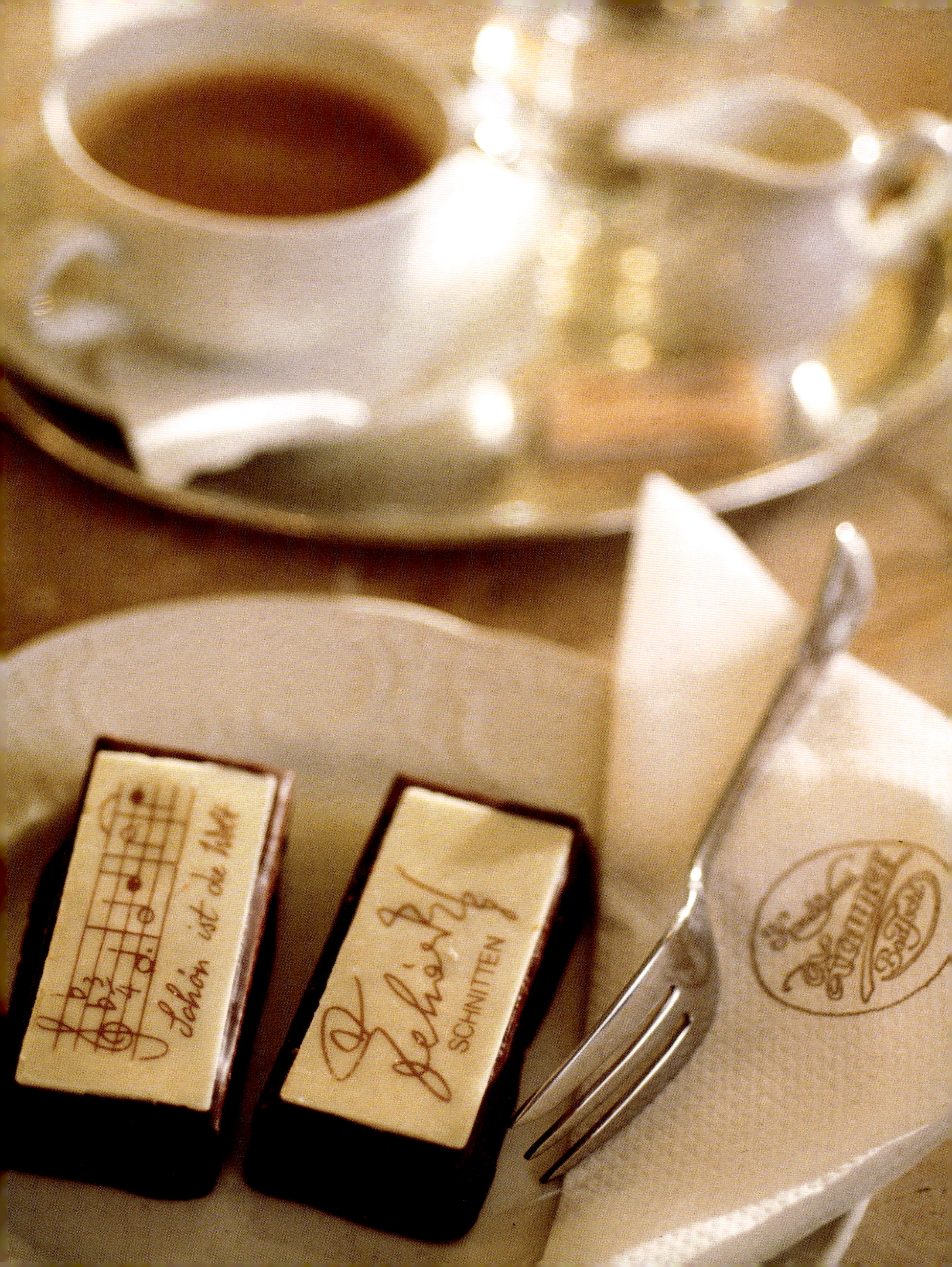
Schön ist die Welt
SCHNITTEN

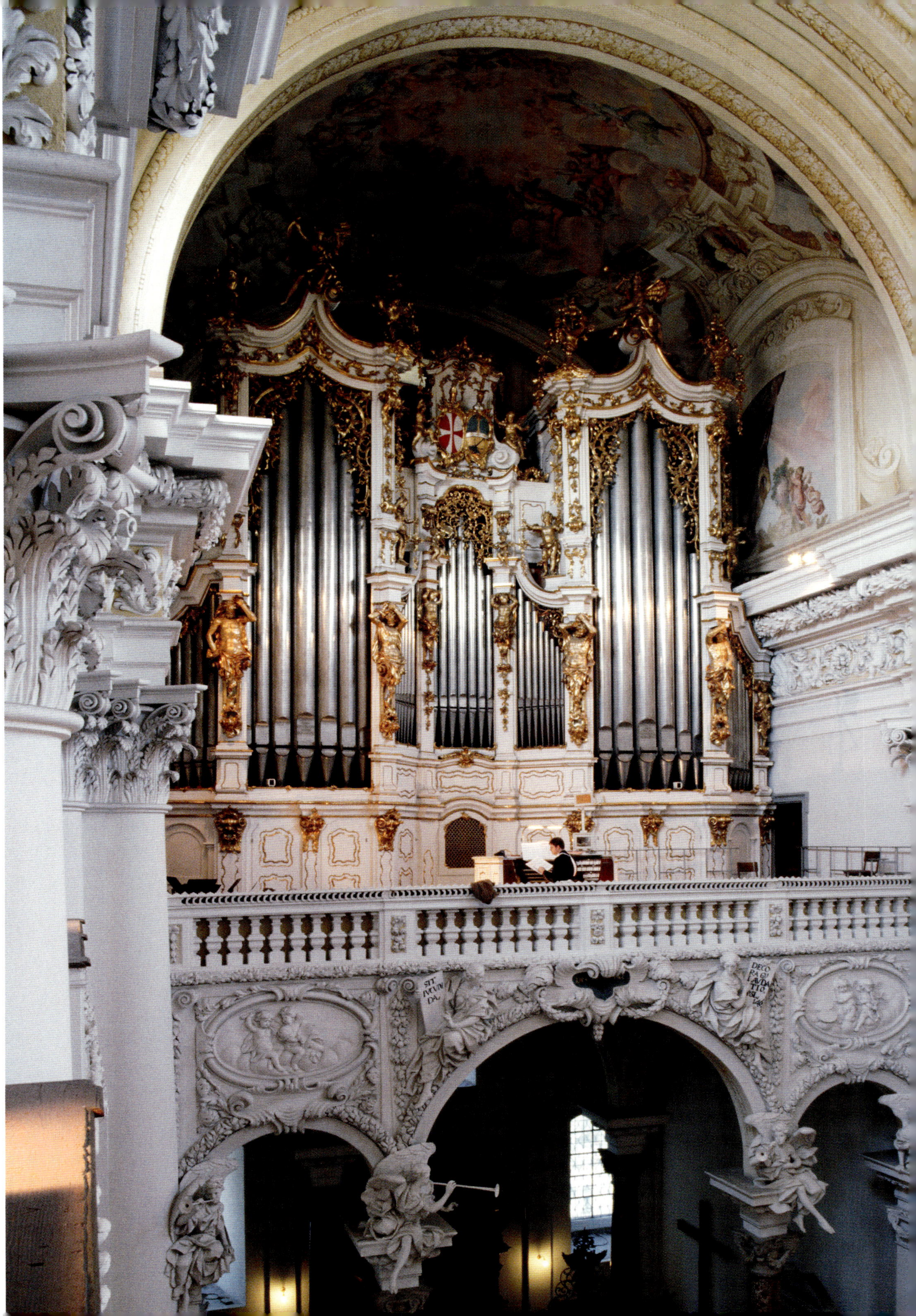

wegen der Weiler-Fresken im Bahnhof und in der Theresienkirche auf der Hungerburg kam es auch in Linz zu heftigen Protesten. (Jedes Bundesland hatte damals seinen Kunstskandal, Kärnten zum Beispiel mit Giselbert Hokes Bahnhofsfresken.) Ich war damals Zögling am Kollegium Petrinum und erinnere mich noch lebhaft an die dortigen Auseinandersetzungen unter den Schülern, aber noch mehr unter den Lehrern, die wir mitbekamen. So war Hermann Kronsteiner (1914–1994), der bekannte Kirchenmusiker und Komponist, ein entschiedener, verständnisvoller Befürworter der neuen Kunst des Weiler. Ich sage das mit allem Respekt, wenn ich auch kurze Zeit später wegen einer Frechheit, die ich mir gerade Kronsteiner gegenüber erlaubt hatte, relegiert wurde und das „Consilium abeundi", also den Rausschmiß, erlebte. Und es freut mich zu hören, daß Kronsteiner von Papst Benedikt XVI. sehr geschätzt wurde und daß ihn der Papst, als er noch Theologieprofessor in Regensburg war, im Petrinum einmal besucht hat. Als Lektüre zu empfehlen ist auch Kronsteiners Buch *Eine Mutter und elf Kinder*, um das kirchliche und katholische Oberösterreich kennenzulernen.

Ein Schüler Kronsteiners war damals auch Augustinus Franz Kropfreiter (1936–2003), der später als Konverse beziehungsweise „Chorfrater" im Stift St. Florian Herr der Brucknerorgel war und Musikkundigen etwa mit der Komposition „Altdorfer Passion" (Kammeroratorium), inspiriert durch den Altdorfer Altar, einem der größten Kunstschätze des Stiftes, neben Balduin Sulzer als der bedeutendste oberösterreichische Komponist des zwanzigsten Jahrhunderts gilt. Im Lexikon steht über Kropfreiter: „Seit 1960 Stiftsorganist in St. Florian, ab 1965 Leiter der Sängerknaben von St. Florian. Komponiert traditionell unter Einbeziehung der Polytonalität und des Hindemith'schen Kontrapunkts." Andere klingende Namen der oberösterreichischen Musik und Musikgeschichte sind Johann Nepomuk David (1895–1977), Helmut Eder (1916–2005), Fridolin Dallinger (geboren 1933) und Balduin Sulzer (geboren 1932). Sulzer gilt auch als früher Förderer des wohl bekanntesten ausübenden Musikers Oberösterreichs, des Dirigenten Franz Möst, der sich nach seiner Heimatstadt „Welser"-Möst nennt, seit 2002 Musikdirektor des Cleveland Orchestras ist und ab 2010 Musikdirektor der Wiener Staatsoper sein wird.

Stift St. Florian, Bruckner-Orgel
St Florian Abbey, Bruckner organ

Stift St. Florian, Grab Anton Bruckners unter der Bruckner-Orgel
St Florian Abbey, Anton Bruckner's tomb beneath the Bruckner organ

Wels, Käthe Kruse Puppenweltmuseum
Wels, Käthe Kruse Museum of Dolls

Bad Ischl, Franz-Lehár-Büste
Bad Ischl, a bust depicting the composer Franz Lehár

Wels, Ledererturm am Stadtplatz
Wels, Town Square, Ledererturm

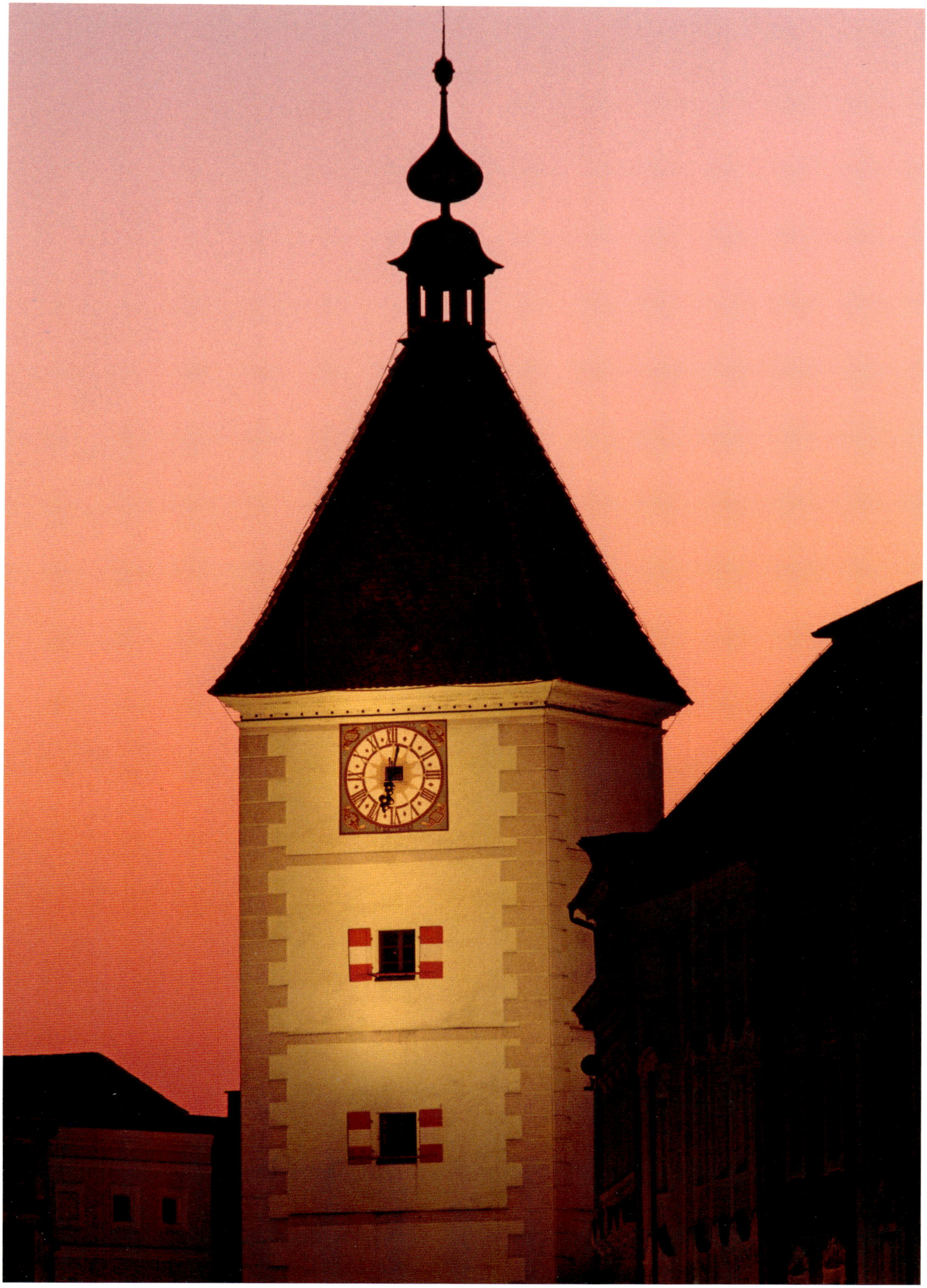

Oben: Stift Kremsmünster, Historische Sternwarte („Mathematischer Turm"), Ausstellung astronomischer Messgeräte
Above: Kremsmünster Abbey, observatory („Mathematical Tower"); exhibition of astronomical measurement devices

Unten: Bad Ischl, Ausstellung in der Lehár-Villa, Autograph von Franz Lehár
Below: Bad Ischl, exhibition at the Lehár-Villa, autograph of Franz Lehár

Bad Ischl, Lehár-Villa
Bad Ischl, Lehár-Villa

Das Stift St. Florian beherbergt heute, um zur bildenden Kunst zurückzukehren, eine große Sammlung von Bildern des in Sarajewo geborenen, den Hauptteil seines Lebens aber in Fürstenfeld in der Steiermark als Gymnasiallehrer und in Mödling lebenden Hans Fronius (1903–1988), der auch mit Illustrationen zum Werk Franz Kafkas Aufsehen erregt und Anerkennung gefunden hat. Ein anderes Stift, das Zisterzienserstift Wilhering, hütet eine ähnlich umfangreiche Sammlung von Werken des oberösterreichischen Malers Fritz Fröhlich (1910–2001), der auch die Linzer Synagoge und vor allem die Kirche von Engelszell „ausgemalt", das heißt mit beeindruckenden Fresken, dem dominierenden Rokoko der Kirche nachempfunden, geschmückt hat.

Folgende Doppelseite: Linz, Aussichtsterrasse auf dem Pöstlingberg
Following pages: Linz, Pöstlingberg, panoramic terrace

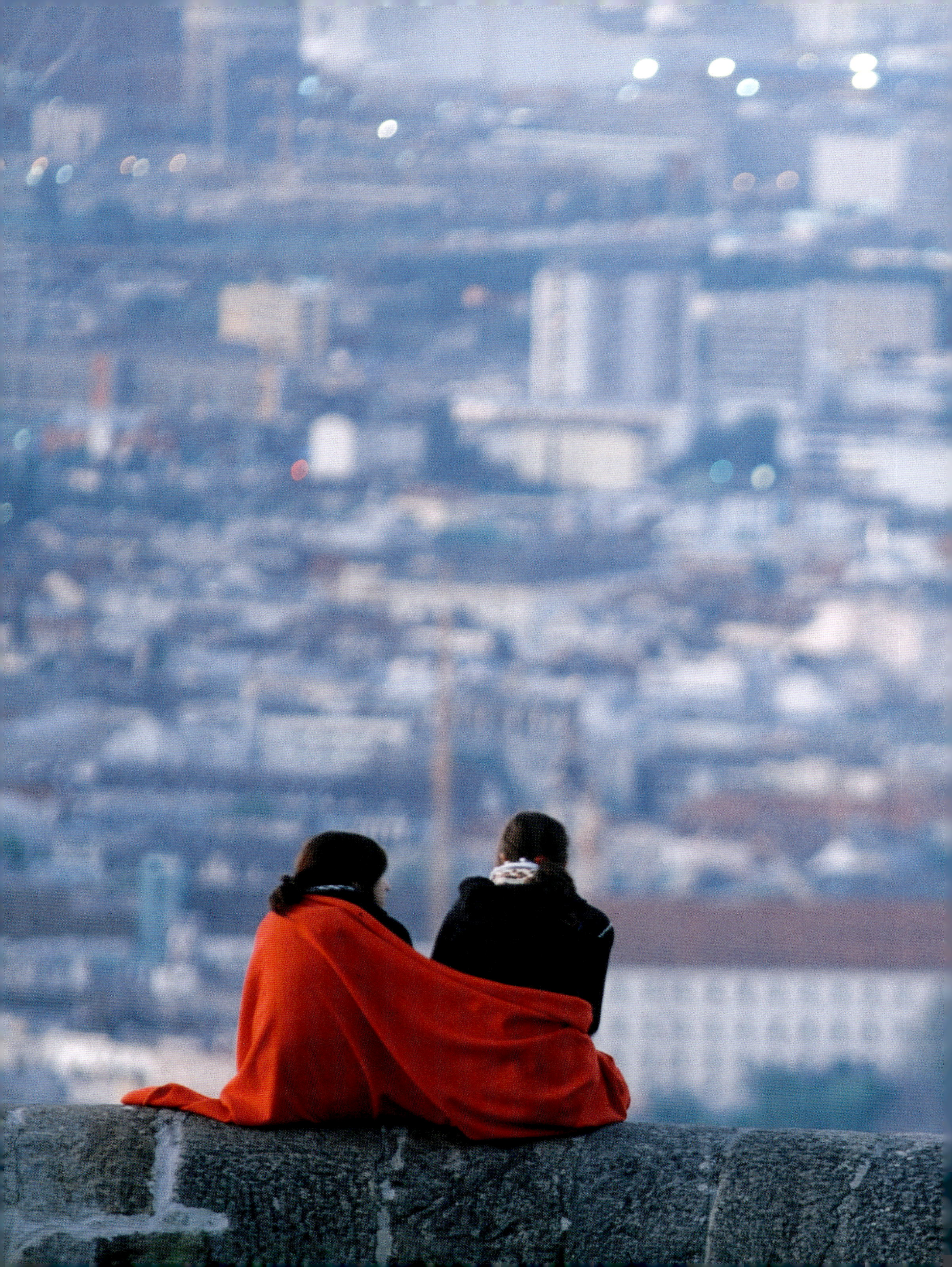

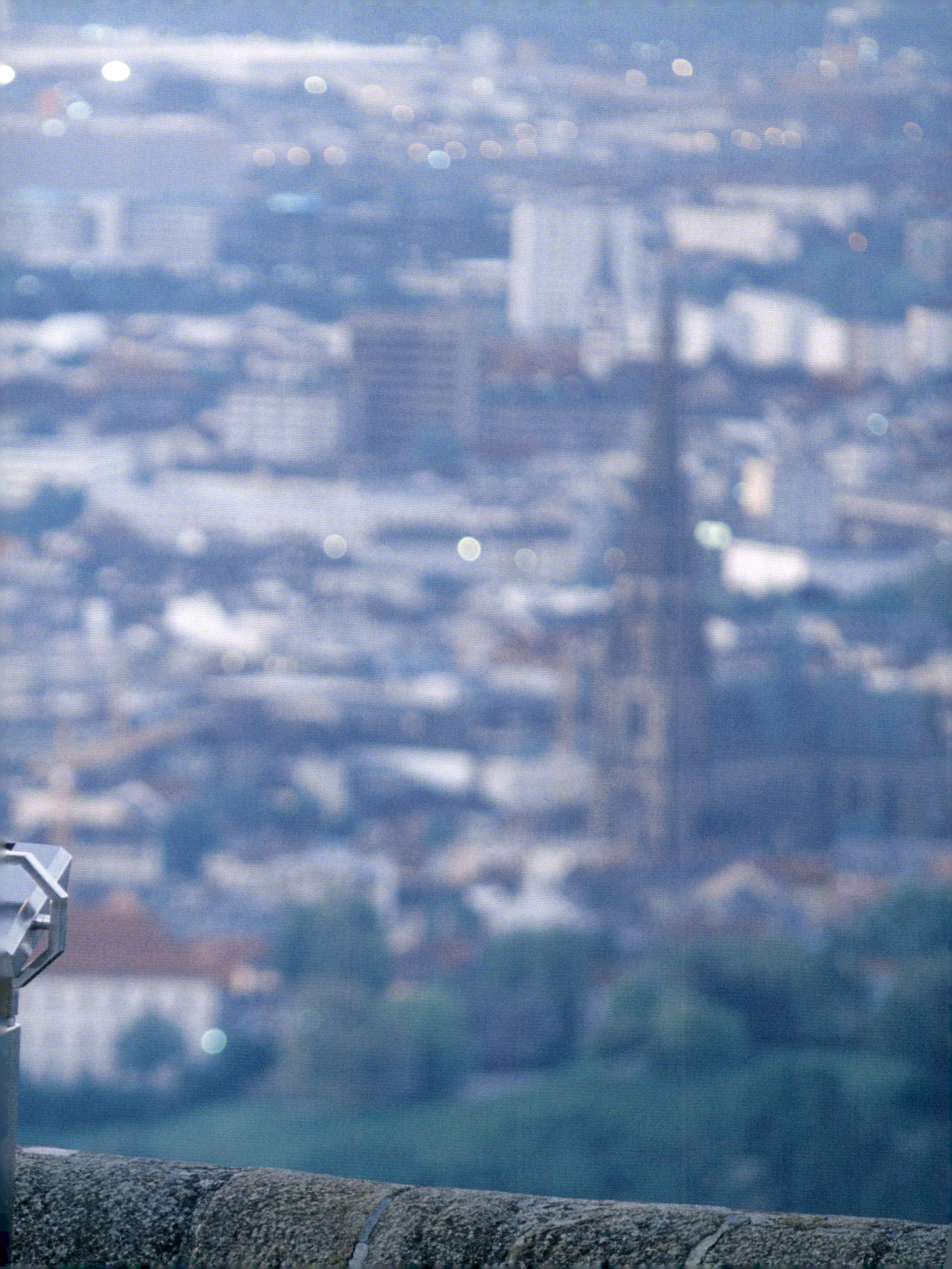

Linz, Amt der Oberösterreichischen Landesregierung
Linz, residence of the Upper Austrian Government

Von Denkmälern und Statuen

Wer starke Nerven hat und etwas Eigenartiges und Sonderbares und vielleicht auch Absonderliches sehen will, der bitte den Kustos des Adalbert-Stifter-Hauses in Linz, ihm jene unter Verschluß gehaltene Plastik des wohl bedeutendsten lebenden Bildhauers Österreichs, Alfred Hrdlicka (geboren 1928), zu zeigen, die Adalbert Stifter darstellt, wie er sich mit dem Rasiermesser am Hals verletzt, um es im Sinne Aprents beschönigend auszudrücken. Es ist ein starkes Stück, wie ja auch Hrdlickas Zeichnungen zum Franz-Schubert-Zyklus ein anderes als das geschönte und gereinigte Bild vom „Schwammerl" vermitteln, wie es in den Büchern stand. Vielleicht illustriert diese Plastik einen Satz aus einem Brief Stifters an seinen Verleger: „Die Dinge schreien drein". Sie mögen ihn oft daran gehindert haben, so beruhigt und behäbig auszusehen, wie ihn Hans Rathausky auf dem großen Denkmal vor dem Linzer Landhaus dargestellt hat, das 1902 enthüllt wurde. Im Dehio steht „Bronzesitzbild". Nur sechs Jahre später, 1908, bekam auch der Schöpfer der Landeshymne Franz Stelzhamer im Volksgarten ein Standbild aus Bronze mit Steinreliefs am Sockel. Stifter sitzt, Stelzhamer muß stehen. Der Dichter wirkt stattlich und imposant. In Wahrheit war er bekanntlich schmächtig und klein. Zwei Jahre nach dem Linzer Denkmal bekam Stelzhamer eines in Ried, gestaltet von Anton Gerhart. Damals stand Dietmar der Anhanger, der Müllersbursch, der den Kreuzzug von 1189 mitgemacht und sich dabei ausgezeichnet haben soll und als der sagenhafte Gründer der Stadt Ried im Innkreis gilt, schon einige Jahrhunderte mit seinem Bundschuh auf der Lanze über dem Marktbrunnen. 1813 wurde dieser Marktbrunnen, von der Dietmar-Statue abgesehen, von Veit Adam Vogl buchstäblich „gründlich" erneuert.

Wels, Stadtplatz   Wels, Town Square

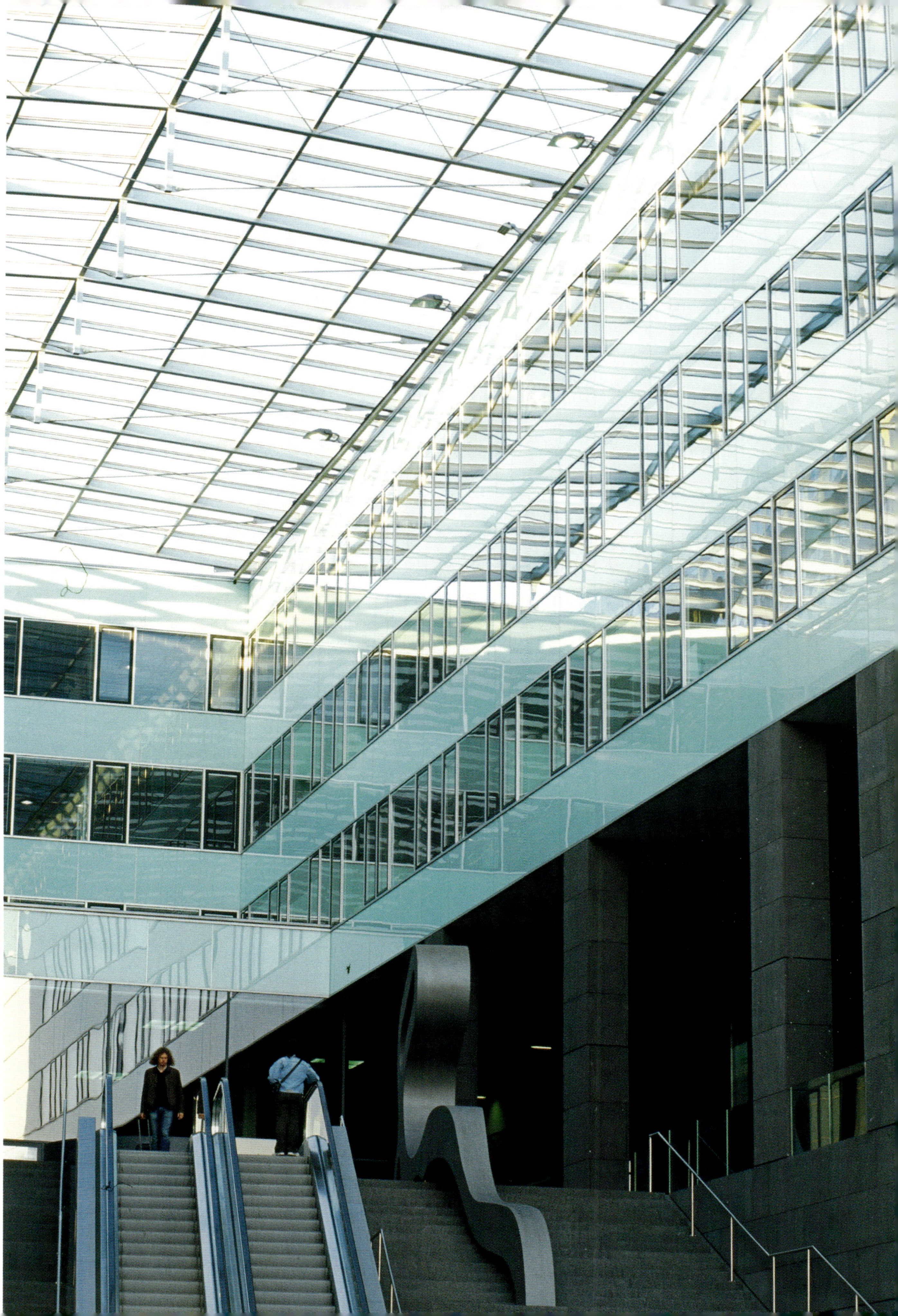

Wer sich in Ried für die ältere Kunst interessiert, der besuche die Pfarrkirche Peter und Paul und staune und erfreue sich an den Arbeiten des Thomas Schwanthaler (1634–1707) und des Johann Peter Schwanthaler des Älteren (1720–1795). Und vielleicht beginnt er von hier aus eine Reise und Spurensuche nach der verzweigten Künstlerfamilie Schwanthaler, die ihn weit durch den süddeutschen Raum herumführen und vor allem auch nach München bringen wird. Ihr war ja auch einmal eine oberösterreichische Landesausstellung im Stift Reichersberg am Inn gewidmet. Damals hing im Stift auch noch ein großes Gemälde von Peter Paul Rubens, halb unerkannt und geheimnisvoll, was die eigentliche Besitzerin betrifft. Inzwischen hat sich dieses Bild bei einer Kunstauktion in London als eines der teuersten je versteigerten Bilder der Welt herausgestellt. Reichersberg ist auch das Augustiner-Chorherren-Stift, in dem Prälat Gerhoch (1092–1169), der große Theologe und Reformer, gewirkt hat. Leider befinden sich die meisten seiner wertvollen Handschriften nicht mehr hier an seiner Wirkungsstätte, sondern in der Bayrischen Staatsbibliothek in München.

Ein eigenes Kapitel der österreichischen Kunstgeschichte haben neben der Familie Schwanthaler auch die Alto-

Freistadt, Textilgeschäft
Freistadt, shop for textiles

Folgende Doppelseite: Linz, Nibelungenbrücke mit der Statue des hl. Nepomuk
Following pages: Linz, Nibelungen bridge with the statue of Saint Nepomuk

Augustiner-
Chorherrenstift
Reichersberg, Innviertel
Reichersberg
Augustinian Canons
Abbey, Innviertel

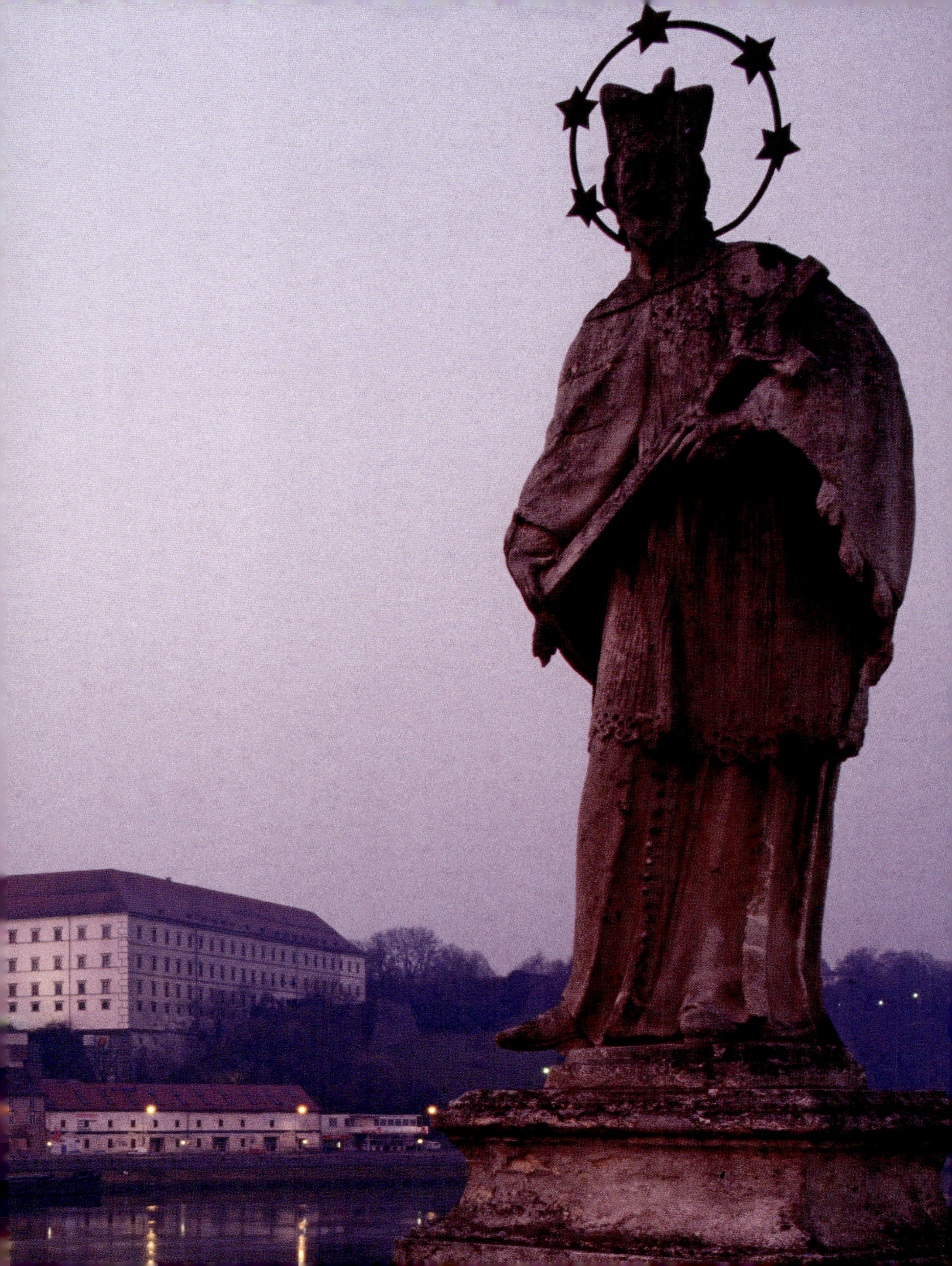

montes geschrieben: Andreas Altomonte (1699–1780; Wilhering), Vater Martino Altomonte (1657–1745) und Sohn Bartolomeo Altomonte (1694–1783). Oberösterreich ist Altomonte-Land. (Der Name *Altomonte* ist ein italianisiertes *Hohenberg*: Martino wurde als Sohn deutscher Eltern in Neapel geboren.) Man begegnet ihren großen Tafelbildern und Fresken in allen großen Stiften und Kirchen des Landes, aber auch auf dem flachen Land. So hat etwa meine Heimatkirche Pichl, wie erwähnt ein Prunner-Bau, gleich drei Altomonte-Bilder. Das Hochaltarblatt ist mit M*(artino) Altomonte 1767* bezeichnet. Es sollte aber laut *Dehio* Bartolomeo heißen und sei wohl bei einer Restaurierung verändert worden. Heute gelten sogar die vierzehn Kreuzwegbilder eines dem Wolfgang Andreas Heindl (1693–1757) nahestehenden „Lambacher Meisters" als womöglich noch wertvoller. Wie stolz war ich, als ich als Zögling des Petrinums Anfang der 1950er Jahre eines der Pichler Kreuzwegbilder in Linz in der Ausstellung „1000 Jahre christliche Kunst in Oberösterreich" (einer Art Landesausstellung lange vor den Landesausstellungen) sah, gerade jene Tafel, in deren unmittelbarer Nähe ich in der Kirche oft saß, wenn ich mit meinem Vater auf die Empore durfte. In jener Ausstellung konnte man auch Kunstwerke des großen Bildhauers Meinrad Guggenbichler (1649–1723), wie den geradezu expressionistisch anmutenden „Schmerzensmann" aus Oberhofen, sehen, bewundern und erleben!

Die meisten Denkmäler und Erinnerungstafeln hat in Oberösterreich wohl Anton Bruckner bekommen. Das entspricht nicht nur seiner überragenden Bedeutung als Komponist, sondern sozusagen posthum auch einer merkwürdigen Vorliebe des großen Meisters fürs Abgebildet- und Photographiert-Werden. Schließlich hatte er auch einen Kopf, der optisch ungeheuer „viel hergibt". Den Mimen flicht die Nachwelt keine Kränze, heißt es. Den Dichtern und Komponisten offenbar wohl. In Steyr gibt es freilich auch ein Denkmal für einen großen Mann der Wirtschaft, für Josef Werndl (1831–1889), den Waffentechniker („Hinterladergewehr") und Industriellen auf der Enrica-von-Handel-Mazzetti-Promenade von Viktor Tilgner (von dem es in Steyr auch ein Bruckner-Denkmal gibt). Eine Spezialität der Steyrer Fahrzeugindustrie war (und ist) das sogenannte „Waffenrad". Werndl gilt aber auch als Pionier für große Sozialleistungen. Dafür stehen die vier Arbeiterfiguren am Sockel seines Denkmals gerade.

Ein buchstäblich sehr edles und feines Denkmal von Kaiser Josef II. hat die Stadt Wels auf dem nach ihm benannten Kaiser-Josef-Platz, nachdem er umgebaut und mit einer Tiefgarage versehen war, wieder aufgestellt. Dieses Denkmal war in der seit ewigen Zeiten von sozialistischen Bürgermeistern regierten Stadt als Relikt der Monarchie lange im Depot gewesen. Nun ist vieles entspannt und entkrampft. Schließlich hat der legendäre Bundeskanzler Bruno Kreisky gerade Josef II. gelobt oder mindestens gelten lassen, obwohl er sonst von den Habsburgern keine hohe Meinung hatte, was sich etwa auch darin ausdrückte, daß er sich um eine Heimkehr- und Besuchsmöglichkeit Ottos von Habsburg in Österreich nicht gerade sehr bemühte. Diese Wiederaufstellung und Wiedererrichtung des Josef-Denk-

Wels, Stadtplatz 24: Haus der Salome Alt (Lebensgefährtin des Fürsterzbischofs von Salzburg Wolf Dietrich); Fresken von 1570
Wels, Town Square No. 24: former home of Salome Alt (she was Wolf Dietrich's, archbishop of Salzburg, mistress); fresco from 1570

Folgende Doppelseite: Schärding am Inn, „Silberzeile"
Following pages: Schärding on Inn, „Silberzeile" (silver row)

EISDIELE CAFE RESTAURANT

Oberbank

mals hätte sicher auch den Beifall Thomas Bernhards gefunden, der in seinem Ohlsdorfer Hof ein einziges Bild hängen hatte, ein im Dorotheum erstandenes Porträt Kaiser Josefs II. Man konnte in Wels das Denkmal übrigens nicht mehr an der ursprünglichen Stelle plazieren. Denn dort befindet sich nach der umstrittenen Umgestaltung des Platzes heute die von den Welsern sogenannte „Wurstinsel", ein Kebab-Pizza-Würstelstand auf einer Verkehrsinsel. Mit dem Kaiser-Josef-Platz, wie er früher einmal war, als der Semmelturm noch stand und die störenden Ein- und Ausfahrten der Tiefgarage nicht bestanden, mit dem Josef am richtigen Platz, hätte Wels in einer Konkurrenz der schönsten Plätze des Landes durchaus Chancen für einen vorderen Platz gehabt. So aber haben ihm der Linzer Hauptplatz mit der Dreifaltigkeitssäule, die „Silberzeile" in Schärding,

Obernberg am Inn, barocke Bürgerhäuser am Hauptplatz
Obernberg on Inn, main square, baroque town houses

der Stadtplatz in Wels selbst mit dem Ledererturm, der Roßmarkt in Ried, der Freistädter Stadtplatz und Obernberg den Rang abgelaufen. Außer Konkurrenz, weil „außer Landes", verdiente der Hauptplatz in Budweis vielleicht den Schönheitspreis. Budweis war übrigens durch die Pferdeeisenbahn direkt mit Linz und Wels und Gmunden verbunden. Und die hat genau neben dem Semmelturm, wie auf einem alten Bild ersichtlich, den „Ka-Je" erreicht und durchmessen.

Linz, Bronzeskulptur an Donau
Linz, bronze sculpture on the riverside

Von Mozart und anderen Berühmtheiten

Fahren wir von Wels noch einmal traunaufwärts nach Lambach, gehen, nein, schreiten wir durch das mit Recht als eines der schönsten Portale gerühmte, konkav geschwungene viersäulige Marmorportal des Jakob Auer aus dem Jahr 1693 (unter anderem mit einer Statue des Heiligen Adalbero, des Gründungsheiligen) und besuchen wir das einzig noch erhaltene barocke Stiftstheater mit einer 1770 von Johann Wenzel Turetschek bemalten Bühnenwand. Dies ist, von seiner theatergeschichtlichen Bedeutung abgesehen – nur Grein hat ein ähnlich altes Theater –, ein denkwürdiger Ort. Denn hier wurde für die Erzherzogin Marie Antoinette (1755–1793), als sie auf dem Weg nach Frankreich zu ihrer Hochzeit im Stift Station machte, das Stück *Der kurzweilige Hochzeitsvertrag* von Pater Maurus Lindemayr aufgeführt. Lindemayr (1723–1783), der Prior des

Stiftes und zugleich der Begründer der österreichischen Mundartdichtung und der bedeutendste Dramatiker der Aufklärung, hat mit dem Stück zur „Diversion" des hohen Gastes, der „schwer in die Fremde gehenden Erzherzogin, und zur Erinnerung an ihre Heimat" (Karl Pömer) beigetragen. Lindemayr spielte übrigens auch bei der „Rekatholisierung" Oberösterreichs eine „Hauptrolle", um es theatralisch zu sagen und zu verharmlosen. Maria Antonia trat, wie wir aus der Geschichte wissen, wahrlich einen schweren Gang an. Sie war genau ein Jahr älter als ein anderer prominenter häufiger Gast in Lambach: Wolfgang Amadeus Mozart (1756–1791). Sie überlebte ihn nur um zwei Jahre. Mozart und vor allem sein Vater Leopold waren Freunde des Abtes Amandus Schickmayr. Jetzt wäre es natürlich sehr erhebend, wenn uns jemand in jenem Theater die „Alt-Lambacher Symphonie" vorspielen würde, sei sie nun von Leopold oder Wolfgang Amadeus Mozart selbst… Wolfgang Amadeus spielte zur Freude des Konvents und seines Abtes Amandus übrigens auch auf der Orgel der Stiftskirche, wie er – was weniger bekannt ist, von Hans Haselböck aber nachgewiesen wird – überhaupt auch auf diesem Instrument ein Virtuose gewesen ist. Und das hat Mozart selbst im Brief nach Hause geschrieben: „Wir sind gestern … glücklich hier angelangt. Den ersten Tag haben wir in Vöcklabruck übernachtet. Den folgenden Tag sind wir Vormittags in Lambach angekommen, und ich kam eben recht, um bei dem Hochamte das Agnus Dei mit der Orgel zu begleiten. Der Herr Prälat hatte die größte Freude, mich

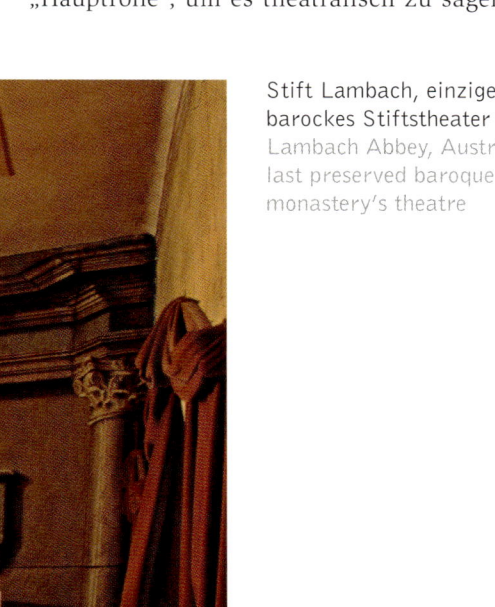

Stift Lambach, einziges erhaltenes barockes Stiftstheater Österreichs
Lambach Abbey, Austrian's last preserved baroque monastery's theatre

Hallstatt, Fronleichnams-Prozession auf dem See
Hallstatt, Corpus Christi procession on the lake

wieder zu sehen. Wir blieben den ganzen Tag allda, wo ich auf der Orgel und dem Clavichord spielte..." Herr der Musik in Lambach und Mozarts Betreuer am Ort war der Regens chori und Stiftsschaffner (Wirtschaftsverantwortliche) Koloman Fellner (1750–1818). Fellner war also sechs Jahre älter als Mozart. Über ihn, Fellner, der ein Bauernsohn aus Pisdorf bei Aichkirchen war und als Kupferstecher und österreichischer Pionier der Lithographie (die er in München bei Alois Senefelder lernte) eine wichtige Gestalt der Kunstgeschichte, Freund des „Kremser Schmidt", wäre viel zu sagen. Manches könnte man in meinem Roman *Vom Manne aus Eicha* nachlesen. (Eicha steht für Aichkirchen.) Hier wollen wir uns wenigstens beim Hinausgehen aus dem Stiftsareal daran erinnern, daß Fellner dem Napoleon Bonaparte, dem politisch prominentesten, hier aber freilich ungebetenen Gast, das Leben rettete, als er einem Büchsenmacher namens Scherhauf, der den

Stift Kremsmünster, Kapitelsaal
Kremsmünster Abbey, chapter house

hereinkommenden, einreitenden Napoleon von jenem Torturm herunter erschießen wollte, in den Arm gefallen ist. Eine wahrlich geschichtsträchtige Tat, diese Verhinderung des Tyrannenmordes. Daß man darüber noch keinen Film gedreht hat!

An einen anderen, späteren Tyrannen des vorigen Jahrhunderts, der von Fischlham her als Bub hier ein und aus gegangen ist, wollen wir erst gar nicht denken … (Lektürevorschlag: Friedrich Heer: *Der Glaube des Adolf Hitler.*) Es gibt einige Orte in Oberösterreich, die einen betroffen machen, von Hartheim war schon die Rede, von Mauthausen brauchen wir erst gar nicht zu reden. Andreas Gruber, der Filmemacher („Shalom General"), hat mit seinem Streifen „Mühlviertler Hasenjagd" eine Zeit und ein Ereignis ins Kinolicht gehoben, an die viele ungern erinnert werden. Der verstorbene Axel Corti hat dem eben seliggesprochenen Franz Jägerstätter aus St. Radegund am Wald schon sehr früh ein filmisches Denkmal gesetzt. Man braucht aber nur die Leserbriefe irgendeiner oberösterreichischen Zeitung anzusehen, um zu erkennen, daß in diesen Fragen noch längst keine „opinio communis" und keine Einhelligkeit unter den Landsleuten herrscht.

Auch die oberösterreichische Katholische Kirche, der, statistisch gesehen, immerhin noch siebzig Prozent der Gesamtbevölkerung angehören (fünf Prozent Protestanten, ebensoviele Muslime und zwanzig Prozent mit anderem oder ohne Bekenntnis), ist in diesen und anderen allgemeinen und im besonderen innerkirchlichen Fragen sehr gespalten. Es gibt eine tiefe Kluft zwischen extrem konservativen, „fundamentalistischen" und äußerst liberalen Priestern und Laien. Noch ist in Erinnerung, wie sich vor einigen Jahren Frauen auf einem Donauschiff selbst zu Priesterinnen geweiht haben oder weihen haben lassen. Und die wirklich zölibatär lebenden wenigen (alten) Geistlichen sind wohl inzwischen eine (buchstäblich verschwindende) Minderheit. In den Klöstern fehlen die Novizen, einige Stifte gleichen eher Altersheimen für Kleriker. Der Priestermangel ist dramatisch. Und ohne die polnischen „Legionäre" und Aushilfspriester wären noch mehr Pfarreien zu

Oben und rechts unten: Traunkirchen, Glöcklerlauf
Above and right below: Traunkirchen, the „Glöcklerlauf"
rings in carnival time with cow bells.

Linz, Pöstlingberg mit der Wallfahrtskirche und dem Schloss
Linz, Pöstlingberg, pilgrimage church and castle

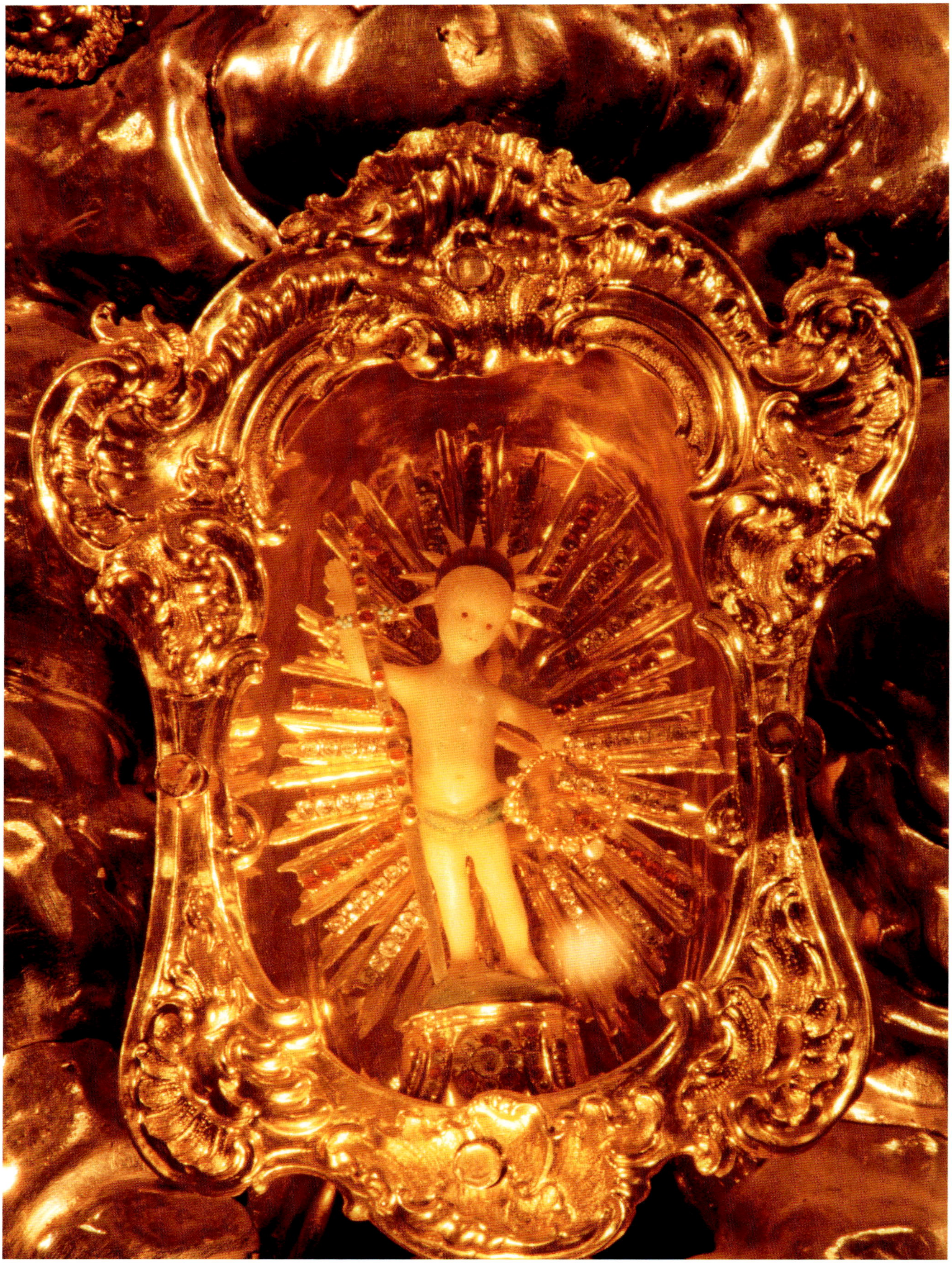

Links: Christkindl bei Steyr,
Wallfahrtskirche,
Wachsfigur des Christkindls
Left: Christkindl near Steyr,
pilgrimage church,
waxwork of Christ as a child

Oben: Traunkirchen, Stiftskirche im Bendiktinerinnenkloster
Above: Traunkirchen, collegiate church of the Benedictine Nunnery

Mühlviertel, Hauskapelle eines Bauernhofes: die Marienfigur wird abgeholt und wandert beim vorweihnachtlichen Brauch der „Herbergsuche" von Haus zu Haus.
Mühlviertel, a farm house's private chapel: farmers take the Virgin Mother's statue and carry it from one farm house to another as a traditional symbol of the ancient search for a shelter.

179

Eine andere Wallfahrtskirche, „Maria Rast" in Steinerkirchen am Innbach, ist durch ein jüngst dort eingerichtetes „Turmmuseum" mit Erinnerungsgegenständen an den langjährigen Pfarrer Heinrich Steiner, der das KZ Dachau, in dem er fünf Jahre lang inhaftiert war, überlebte und dann noch drei Jahrzehnte hier gewirkt hat und am Ortsfriedhof auch bestattet ist, um eine besondere Sehenswürdigkeit reicher geworden. Zur Vor- oder Nachbereitung eines Besuchs in Steinerkirchen könnte ich die Lektüre meines Romans *Der geborene Gärtner* empfehlen.

Es gibt einen alten theologischen Grundsatz, der auf Bonaventura zurückgeht und von Thomas von Aquin aufgegriffen und geistlich vertieft wurde: Gratia supponit naturam. Er bedeutet, daß die Gnade die Natur voraussetzt. Die Gnade knüpft an der Natur an. An dieses „Theologem" werde ich erinnert, wenn ich an die beiden kleinen Wallfahrtsorte in meiner Nähe, Liedering und St. Valentin, denke. An beziehungsweise in beiden Kirchen entspringen Quellen mit Heilwasser. Die Kirchen haben also nicht nur Weih-, sondern auch Heilwasser. Die Heilquelle in St. Peter genoß sogar einen solch guten Ruf, daß man begann, in der Nähe ein Badehaus zu bauen, das aber inzwischen wieder abgebrochen wurde. „Doch wuschen sich die Pilger noch lange Augen und Hände mit dem Wasser aus dem Petersbrunnen" (Kapelle, Kirche, Gnadenbild). Das Wasser in St. Valentin im Sulzbachtal kann man am linken Seitenaltar mit einem Schöpfer aus der Tiefe heben. Und es hilft gegen Hautausschläge und bei Augenkrankheiten. Meine Mutter hat mit ihm meinen älteren Bruder vom sogenannten „Vierziger", eine Kinder-Hautkrankheit, kuriert, behauptet Schwester Anna. Mit jenem Wasser und einer Novene … „Gratia supponit naturam", auch in diesem Sinn kann man die Gnadenorte offensichtlich mit Recht „Orte der Kraft" nennen. Gleich sieben kleinere Wallfahrtsorte gibt oder gab es in Oberösterreich, die das Wasser schon im Namen führten: Gleich vier aber heißen überhaupt Maria *Bründl*. Jenes bei Putzleinsdorf im Mühlviertel führt als zweiten Namen *Maria Brunnenthal*.

Natur-Moorbad am Ibmer Moor
Ibmer Moor, healthy spa without charge

Traunstein und Stiftskirche des Bendiktinerinnenklosters
Traunstein and collegiate church of the Benedictine Nunnery

Zum Schluss

Wasserreiche Länder sind gesegnete und begnadete Länder. Oberösterreich mit seinen drei nach Flüssen benannten Vierteln in gewisser Weise ein „Zwischenstromland", ist ein solches gesegnetes und „begabtes" Land, mit der Donau und der Donauschlinge bei Schlögen, der Traun und dem Traunfall, mit Enns und Steyr, Krems und Ager, Salzach und Inn, Innbach und Trattnach, der Großen und der Kleinen Mühl, Antiesen und Aurach, Raab und Pram, Mattig, der Faulen und der Dürren Aschach, Aist, Naarn und Haselgraben und den vielen Seen und Teichen, Tümpeln, Mooren und Lacken. Das Land ist „in Saft": 76 Seen allein im Salzkammergut! Man müßte eine ganze Litanei von Hydronymen hersagen und nach jedem Namen aus dankbarem Herzen mit „Deo gratias" und „Alleluja" antworten. Um auch die Berge nicht zu vergessen: Dachstein, Traunstein, Feuerkogel. Grünberg, Gmundner Berg, Grasberg, Schlafende Griechin. Schafberg, Dreisesselberg und Plöckenstein, Warscheneck und Sengsengebirge. Das größte zusammenhängende Bergmassiv in den Nördlichen Kalkalpen ist das sogenannte Tote Gebirge mit dem Großen Priel als höchstem Berg (2515 Meter). Totes Gebirge, der Name klingt – ähnlich wie Höllengebirge (mit seinen Höhlen Hochlecken-Großhöhle und Totengrabenhöhle) – abweisend. Kargheit des Karsts! Und selbst hier gibt es klare und helle Bergseen und heißen sie auch Ödseen. Offensee, Almsee, Wildensee, Langbathseen, Schwarzensee – Deo gratias!

Folgende Doppelseite: Vollmond über Traunstein und Traunsee
Following pages: Traunstein and Traunsee at full moon

Badespass im Echarntal bei Hallstatt
Leisure time, Echarntal near Hallstatt

Es ist es ein schöner Zug der österreichischen Bundeshymne, daß sie mit einer preisenden Nennung der heimischen Natur anhebt, um dann zu Kultur (Kultus) und Zivilisation zu gelangen: Land der Berge, Land am Strome, Land der Äcker, Land der Dome, Land der Hämmer, zukunftsreich ...

Grünau im Almtal, Waldrapp in der Konrad-Lorenz-Forschungsstelle
Grünau in the Almtal, Waldrapp in the Konrad Lorenz Research Station

Totes Gebirge, Hinterstoder   Totes Gebirge, Hinterstoder

OBERÖSTERREICH

Das Landeswappen

Landesfläche:
11.980 km² (14,3 Prozent des Staatsgebietes und damit flächenmäßig viertgrößtes Bundesland)

Gesamtbevölkerung:
rund 1, 39 Millionen 1,385.789 (16 Prozent der österreichischen Bevölkerung und damit nach der Einwohnerzahl drittgrößtes Bundesland) laut Volkszählung: 1.376.607

Landeshauptstadt:
Linz an der Donau

Verwaltungsbezirke:
(3 Statutarstädte und 15 politische Bezirke)
Braunau am Inn, Eferding, Freistadt, Gmunden, Grieskirchen, Kirchdorf an der Krems, Linz, Linz-Land, Perg, Ried im Innkreis, Rohrbach, Schärding, Steyr, Steyr-Land, Urfahr-Umgebung, Vöcklabruck, Wels, Wels Land

Gemeinden:
444

Traditionelle Gliederung in vier Viertel:
Mühlviertel
Innviertel
Hausruckviertel
Traunviertel

Höchster Berg:
Hoher Dachstein (2995 m)

Größere Flüsse:
Donau (111 km auf oberösterreichischem Gebiet)
Inn (68 km), Salzach (40 km), Enns (90 km), Traun (132 km) und Steyr (67 km).

Größere Seen:
- Attersee (45,9 km², 171 m Tiefe)
- Traunsee (24,5 km², 191 m Tiefe)
- Mondsee (14,2 km², 68 m Tiefe)
- Hallstätter See (8,4 km², 125 m Tiefe)

Straßennetz:
Autobahn 290 km
Bundesstraßen 1.570 km
Landesstraßen 4.420 km
Gemeindestraßen 20.000 km
total: 26.280 km

Religiöses Bekenntnis:
Römisch-katholisch 83 Prozent
Evangelisch 4,4 Prozent
Islamisch 4,0 Prozent
Ohne Bekenntnis: 8,8 Prozent
Andere: 3,3 Prozent

Landeshauptmänner seit 1945:
Dr. Adolf Eigl (16.5.1945–22.8.1945)
(Wirklicher Hofrat) Dr. Heinrich Gleißner (1945–1971)
Dr. Erwin Wenzel (1971–1977)
Dr. Josef Ratzenböck (1977–1995)
Dr. Josef Pühringer (seit 2. 3. 1995)

Landespatrone:
Markgraf Leopold III.
(wie auch in Niederösterreich und Wien)
und Heiliger Florian

Landesfeiertag:
15. November

Markgraf Leopold III. von Österreich

Zeichenerklärung

- Museum
- Gedenkstätte
- Bergbahn
- Schloss/Burg
- Kirche/Stift
- Schauhöhle
- Schaubergwerk